Albert Stüttgen · Das Dilemma der Erziehungswissenschaft

ALBERT STÜTTGEN

Das Dilemma der Erziehungswissenschaft

Verwissenschaftlichung und Praxisverlust in der Pädagogik

ALOYS HENN VERLAG · RATINGEN · KASTELLAUN

CIP-Kurztitelaufnahme der Deutschen Bibliothek

Stüttgen, Albert
Das Dilemma der Erziehungswissenschaft: Verwissenschaftlichung u. Praxisverlust in d. Pädagogik.

ISBN 3-450-20904-3

4030 Ratingen, Postfach 1309
5448 Kastellaun, Postfach 1180
Satz: Hans Richarz Publikations-Service, 5205 Sankt Augustin
Druck: Offsetdruckerei A. Henn Verlag, 4000 Düsseldorf

Vorwort

Die in diesem Buch vertretenen Thesen wurden in Lehrveranstaltungen und anschließenden Gesprächen diskutiert. Sie artikulieren das Unwohlsein einer wachsenden Zahl von Studierenden, die sich auf den Lehrerberuf vorbereiten. Die meisten von ihnen haben sich aus unmittelbarem Interesse an Kindern und Jugendlichen für ihren Beruf entschieden, nicht aus primär wissenschaftlichen Ambitionen. So wenig wie mit politischen Doktrinen linker oder rechter Observanz oder traditionalistischen Erziehungs- und Unterrichtsrezepten wollen sie mit einer modernen Wissenschaftsideologie abgespeist werden. Sich gegen die letztere mit stichhaltigen Argumenten zu wehren ist nicht leicht, da die wissenschaftliche Methodik besticht und die zugehörige Wissenschaftstheorie nur schwer durchschaubar ist. Dagegen kritisch zu machen, sieht diese Untersuchung als ihre Aufgabe an. Der Verfasser geht dabei von der erschreckenden Feststellung aus, daß sich die zunehmend in abstraktem Fachjargon vorgetragenen Überlegungen der gegenwärtigen Erziehungswissenschaft immer weiter entfernen von der Erlebniswelt der Kinder und deren berechtigtem Interesse auf Selbstverwirklichung.

Münster/Westf. im Frühjahr 1975

Albert Stüttgen

Inhaltsverzeichnis

Einleitung

Probleme und neue Perspektiven eröffnen sich nicht im luftleeren Raum. Sie ergeben sich in einem Umkreis von bereits vorliegenden Erkenntnissen und werden von hier aus erst voll verständlich. Diese Untersuchung steht in Beziehung zu zwei innerhalb der letzten Jahre erschienenen Büchern des Verfassers, die, für sich gesehen, in ihrer Thematik weit auseinander liegen und verbindet sie. Wie sich die Perspektive dieser Untersuchung ergab, soll von dort her erläutert werden, da es dem Leser zur Orientierung über den Standort, die Bedenken und die Absichten des Verfassers dienen kann.

Die Frage nach den „Kriterien einer Ideologiekritik" und ihrer Anwendung sollte dazu führen, eine begründete kritische Distanz zu gegenwärtig herrschenden Denkmustern zu gewinnen, von denen jeder mehr oder weniger betroffen ist[1]. Neben Christentum und Marxismus wurde dort bereits ansatzweise auch Wissenschaft als Ideologie behandelt. Dabei ging es nicht um eine grundsätzliche Abwertung der genannten Denkrichtungen sondern um eine Bewußtmachung ihrer Grenzen. Auch die vorliegende Untersuchung will in diesem Sinne kritisch machen, und zwar gegen eine bestimmte Entwicklung innerhalb der Pädagogik und entsprechende Kriterien zur Sprache bringen. Sie tut dies im Hinblick darauf, wozu sich Pädagogik im Ansatz entschieden hat: um der Erziehung willen, die vor verkürzten Denkansätzen und kurzschlüssigen Maßnahmen immer wieder geschützt werden muß.

Ideologien sind nie schlechthin falsch sondern Verkürzungen der Wirklichkeit. Ein Wort der Einleitung der Ideologiekritik möge daher – an die Adresse der Erziehungstheoretiker gerichtet – in dieser Einleitung zitiert werden: „Mit dem Ideologieproblem leben heißt nichts anderes, als mit zweierlei Wahrheit leben: einmal mit Wahrheit im Sinne eines richtunggebenden Zieles, das lebensnotwendig ist, insofern es handlungs- und entschlußfähig macht, und zum anderen mit Wahrheit im Sinne einer umfassenden Reflexion, die weiß, daß auch andere Zielsetzungen möglich sind, und insofern vor einer Überschätzung der eigenen Auffassung bewahrt".[2] Ideologiekritisch ist daher nur eine offene Position zu nennen, die bereits von ihrem Ansatz her auf eine endgültige Fixierung erzieherischer Maßnahmen und ein zugehöriges „Bildungsideal" verzichtet.

Unsere Darstellung praktisch-konkreter Erziehungswege steht nur insofern in einem Zusammenhang mit dem Vorangegangenen, als hier Theorie in ihrer Ideologieanfälligkeit zurücktritt gegenüber unmittelbarer Praxis, wie sie im eigenen Erziehungshandeln geübt wurde.[3] Ansatz, Darstellungsform und Adressat sind hier gänzlich verschieden. Die Thematisierung praktischer Tätigkeit bedingt eine andere nicht wissenschaftliche Erörterung und richtet sich an andere Leser. Die Darstellung der aufgrund eigener Erfahrung mit Kindern beschrittenen Erziehungswege sollte für andere eine Anregung sein, sich ebenfalls auf eine eigene Erfahrung mit Kindern einzulassen, um daraus wiederum entsprechende Wege zu entwickeln. Die hier vorgelegte Untersuchung möchte solcher Art von Erfahrung in der Pädagogik Eingang verschaffen. Sie muß sich daher vornehmlich als Wissenschaftskritik verstehen und die Begriffe von „Praxis" und „Erfahrung" problematisieren, die in den empirisch-analytischen Wissenschaften zugrundegelegt werden.

Diese Kritik plädiert für einen umfassenderen und „radikalen", d. h. die Wurzel alles Erziehungsdenkens betreffenden Begriff von Praxis. Sie hat eine Praxis im Auge, die aller Theorie und der in ihrem Lichte erscheinenden Realität vorausliegt. Es dürfte daher eine gewisse Konsequenz darin liegen, wenn dem angedeuteten Verhältnis analog zuerst diese Praxis geübt wurde und schließlich zu Wort gekommen ist, bevor eine theoretische und wissenschaftskritische Überlegung dieser Art erfolgte. So kann nicht mehr der Vorwurf erhoben werden, daß wiederum nur theoretisch für diese Praxis plädiert wird, ohne sie konkret vorgestellt zu haben. – Daß das vorangegangene Praxis-Buch ein Elternbuch wurde ist sachlich begründet. Es ist die Erziehungspraxis, in der der Verfasser noch unmittelbar steht. Ein entsprechendes Lehrerbuch, das sich auf Schule bezieht, im Prinzip aber das Gleiche thematisiert – nämlich Erziehungspraxis – hätte von anderer Seite geschrieben werden müssen.

Nach dieser allgemeinen Ortsbestimmung sei zunächst Anlage und Gang der Untersuchung erläutert. Das erste Kapitel umreißt den Ansatzpunkt: das Auseinandertreten von Erziehungswissenschaft und einem verantworteten Erziehungsgeschehen. Der daran sich anschließende Hauptteil gliedert sich in zwei symmetrisch zueinander stehende Hauptstücke: einer jeweils beschreibend-akzentuierenden Darstellung – auf der einen Seite der gegenwärtigen Erziehungswissenschaft, auf der anderen der ihr entgegengestellten Erziehungspraxis – folgt je anschließend eine zugehörige wissenschaftstheoretische bzw. philosophische Grundlegung. Leser, die sich nur über den Gegenstand und den positiven Hintergrund der hier vorgetragenen Kritik informieren wollen, können diese wissenschaftstheoretischen Begründungen jeweils überschlagen. Sie werden damit allerdings ein wesentliches Anliegen dieser Untersuchung außer acht lassen; die hier besprochenen Auffassungen sollen nämlich nicht nur in ihrer plausibel erscheinenden Außenseite zur Kenntnis genommen sondern von ihrem Bedeutungshintergrund her verstanden und in ihrer Problematik sichtbar gemacht werden.

Der letzte Teil bedenkt einerseits das als Gesamtkomplex kaum noch zu überschauende Feld der Erziehungswissenschaft. Andererseits wird hier die nicht zu leistende Abschließbarkeit der erzieherischen Aufgabe thematisiert. – Zum Schluß wird das Problem der Identitätsfindung aufgeworfen, damit die hier zugrunde gelegte Auffassung von Erziehung ebenfalls in ihrer Problematik erkennbar und nicht als fragloses Bildungskonzept mißverstanden wird.

Wenn im Titel dieses Buches von Verwissenschaftlichung in der Pädagogik gesprochen wird, so liegt darin ein negativer Akzent, der einer Erklärung bedarf. Es kann nicht darum gehen, Wissenschaft als solche abzuwerten, wohl aber ihren uneingeschränkten Herrschaftsanspruch an der Wurzel zu treffen. Ein solcher Herrschaftsanspruch ist dann gegeben, wenn alle Entwicklungsprozesse und Erziehungsvorgänge einschließlich der Bildungspläne wissenschaftlichem Kalkül unterworfen werden sollen. Damit würde das Prinzip wissenschaftlicher Kontrollierbarkeit zur Norm dessen erhoben, was in Erziehung und Bildung gemacht bzw. nicht gemacht werden soll.

In einem solchen Ansinnen seitens der Erziehungswissenschaft kündigt sich eine die menschliche Entwicklung verkürzende Normativität an, die den Anspruch der Wissenschaft auf Objektivität in ein bedenkliches Licht rückt. Wahrheit im Sinne von Objektivität kann nur insoweit als Ethos der Wissenschaft angesehen werden, als die Wissenschaft damit dem „Gegenstand" gerecht zu werden und den Zugang zu ihm vor Willkür zu sichern versucht. Im vorliegenden Falle aber, wo der Mensch und seine Entwicklung zum alleinigen Gegenstand wissenschaftlichen Kalküls erhoben, oder besser: degradiert wird, wird der Grundsatz verletzt, ihm unter allen Umständen gerecht werden zu wollen; denn es muß zumindest offen bleiben, ob der Mensch nicht erst dort wahrhaft „vollgenommen" wird, wo man seine Unverfügbarkeit anerkennt.

Es stellt sich die Frage, was die führenden Richtungen der Erziehungswissenschaft dazu veranlaßt, die Verwissenschaftlichung von Erziehung und Bildung mit solcher Intensität zu verfolgen. es ist kaum anzunehmen und wäre böswillig zu unterstellen, daß es die Erziehungswissenschaft auf eine Degradierung des Menschen abgesehen hat. Sie würde sich dann kaum noch Wissenschaft von der *Erziehung* nennen können, die bestrebt ist, die menschliche Entwicklung nicht einzuschränken sondern zu fördern. Wenn man nach einem Grund sucht, weshalb sich die Pädagogik einer wissenschaftlichen Methode verschreibt, die dem zukünftigen Erzieher eine nahezu uneingeschränkte Verfügungsmacht verheißt, wird man eher vermuten dürfen, daß die Vervollkommnung des Menschen erzwungen werden soll. Nachdem Jahrhunderte lang mit sehr beschränktem Erfolg erzogen wurde, hat es den Anschein, als glaube man nun, mittels wissenschaftlicher Methoden und zugehöriger Bildungsplanung den gewünschten Erfolg erzwingen zu können.

Als eine Bemühung in dieser Richtung kann unter anderem die Vorverlegung des Schulalters angesehen werden. Als gelte es jede nur denkbare Reserve für eine möglichst früh einsetzende intellektuelle Schulung zu nutzen, werden selbst in die dann noch verbleibende reduzierte Kindergartenzeit erste Schreib- und Leseübungen vorgezogen. Damit wird der Raum, in dem Kinder sich noch frei von Bildungszwängen entfalten können, auf ein nicht mehr verantwortbares Minimum verkürzt.

Inzwischen melden sich bereits erste medizinische Bedenken, die auf nicht mehr gutzumachende Schäden für die körperliche und seelische Entwicklung solcher Kinder hinweisen, die einem zu früh einsetzenden Bildungsstress ausgeliefert sind. Kurt Nitsch verweist in diesem Zusammenhang auf eine neue Wissenschaft, die Pädologie, die alle Disziplinen zusammenfaßt, die spezifisch mit dem Kind zu tun haben. Er kritisiert dabei eine Erziehungswissenschaft, die es unterläßt, die psychosomatischen Zusammenhänge zu respektieren und die bei Kindern medizinisch bereits zu beobachtenden Schäden pädagogischer Experimente zur Kenntnis zu nehmen.[4)]

Der Verfasser hofft mit seinen im folgenden vorgetragenen Überlegungen einen Bewußtseinsprozeß zu fördern, der in dem Maße weiter um sich greifen wird, als die Ergebnisse einer wissenschaftlich forcierten „Innovation" unseres Erziehungs- und Bildungswesens bekannt werden und zu denken geben. Eine Kritik an dem, was innerhalb der Erziehungswissenschaft in immer kürzerer Folge in hochgezüchtetem Fachjargon an letzten Neuheiten entwickelt und angepriesen wird, könnte den Blick freimachen für einen in der Erziehung und Bildung nicht nur *denkbaren* sondern auch *verantwortbaren* Fortschritt.

Entfremdete pädagogische Theorie

Der Begriff der Entfremdung ist in seinem heute gebräuchlichen Sinn von Hegel und Marx bestimmt worden. Er besagt, daß etwas vom Menschen Geschaffenes sich verselbständigt und eine Eigengesetzlichkeit entwickelt. Wenn dieser Begriff hier übernommen und auf die gegenwärtig herrschende pädagogische Theorie angewandt wird, so wird damit behauptet, daß diese sich aus einem ursprünglichen Erfahrungszusammenhang herausgelöst hat und zu einem verselbständigten Instrument geworden ist.

Wie dieses Instrument eingesetzt wird, diktiert entweder eine außerpädagogische Leistungsnorm oder ein bestimmter mit ihr übereinstimmender oder auch gegenläufiger als revolutionär sich ausgebender politischer Kalkül. Die Wahrnehmung einer Erziehungsaufgabe, die sich unmittelbar stellt angesichts der Bedürftigkeit eines auf Grund seiner Entwicklung noch nicht voll lebensfähigen Menschen, tritt zurück gegenüber rein wissenschaftlichen oder auch politischen Ambitionen. Die überwiegende Zahl erziehungswissenschaftlicher Veröffentlichungen – Ausnahmen bestätigen bekanntlich die Regel – verfolgt Probleme, die sich zwar mit Erziehung in Zusammenhang bringen lassen, aber mehr Interesse an speziellen Wissenschaftsfragen als an Kindern erkennen lassen. Die behandelten Stoffe haben innerhalb der Erziehungswissenschaft eine Art Eigenleben gewonnen, das Kinder als Bezugspersonen entbehrlich erscheinen läßt, sofern nur die erforderlichen „Daten" soweit angespeichert sind, daß die Wissenschaftslogik mit ihnen arbeiten, „operieren" kann.

Eine wahllose Themenauswahl kann diese allgemein zu beobachtende Tendenz andeutungsweise verdeutlichen: Da geht es um „Bildungsökonomie", „Lernprogramme" und „Strukturmodelle", um „Rationelles Lernen", „Leistungsmessung", „Lernprozesse" und ihre „Effektivität", sowie um „Steuerung" unterrichtlicher Vorgänge, „Strategien" verschiedenster Art und „Teachertraining" – schließlich um „Konstruktionen", „Systemtheorie", „Experimentelle Planung" und „Multikriteriale soziometrische Daten": alles in mehr oder weniger entferntem ausdrücklichen Zusammenhang mit Erziehung. Was auch immer in diesen Untersuchungen an Ergebnissen erzielt wird und wie man dazu stehen mag – in die Augen springt jedenfalls eine hochgezüchtete Theoretisierung, die einer genaueren Untersuchung bedarf. Sie kann erst im Verlauf dieses Buches detaillierter erfolgen. An dieser Stelle geht es zunächst nur um einen groben Umriß der behandelten Thematik. Aufs ganze gesehen ist auffällig, daß das Wort „Erziehung" in der Wissenschaft, die deren Namen trägt, kaum noch auftaucht.

Im Hinblick auf diejenigen, die sich auf Erziehungsarbeit als Beruf vorbereiten[5]), erscheint die geschilderte Situation fatal. In der von ihnen angestrebten Arbeit geht es darum, einen Bezug zu Kindern herzustellen, um dadurch befähigt zu werden, ihre je besonderen Bedürfnisse und Interessen zu erkennen. Wo eine persönliche Beziehung gelingt, ist dann auch die Chance gegeben, daß sich die Kinder für den dargebotenen Unterrichtsstoff interessieren; denn Kinder können noch nicht von der Person des Lehrers und dem Verhältnis, das sie zu ihm haben, abstrahieren. Nur wo eine solche persönliche Beziehung aufgebaut werden konnte, ist es möglich, über das pflichtmäßige Stoffpensum hinaus, Kindern etwas zu vermitteln, das sie nachhaltig bestimmt und wovon sie in ihrem späteren Leben weiter zehren können.

Jeder weiß aus Erfahrung, daß es nur gewisse Lehrer waren, die einem für die Entwicklung etwas bedeutet haben und denen man Entscheidendes verdankt. Dieser entscheidende Gewinn lag nicht unbedingt auf der Ebene, auf der Unterrichtstechnik den Ausschlag gibt. Solche Beziehung, die ein Lehrer herzustellen wußte, dürfte sich auch kaum auf Grund experimenteller Diagnostik ergeben haben. Damit soll nicht bestritten werden, daß tiefenpsychologische Diagnostik und Soziogramme im Einzelfall hilfreich sein können. Aber diese eher distanzierenden als Partnerschaft vermittelnden Verfahren schaffen noch keinen pädagogischen Bezug. Ein solcher Bezug ist überhaupt schwer machbar. Er sellt sich in günstigem Falle ein, er wird nicht „bewirkt". Offensichtlich aber interessiert in einer erziehungswissenschaftlichen Ausbildung – was noch zu zeigen sein wird – nur noch das, was wissenschaftlich gesichert und technisch erzwingbar ist.

Denjenigen, die Erziehungswissenschaft studieren, weil sie sich auf Erziehungsarbeit vorbereiten, erscheint daher verständlicherweise die dort vertretene Theorie als entfremdet, insofern die unmittelbare Beziehung zu Kindern nicht oder kaum mehr thematisiert wird. Aus Art und Inhalt der wissenschaftlichen Publikationen ist auch schlechterdings nicht mehr zu ersehen, ob, inwieweit und in welcher Weise die in ihnen sich äußernden Erziehungstheoretiker eine solche Beziehung herstellen konnten. Wenn sie sich stattdessen durch die Kenntnis psychologischer Experimente, soziologischer Erhebungen oder politischer Systemtheorie ausweisen, so bleibt die Frage nach der pädagogischen Relevanz derartiger Kenntnisse offen. Darüber zu urteilen legitimiert nur die Erfahrung mit Kindern.

Die Entfremdung erziehungswissenschaftlicher Theorie erfährt der angehende Erzieher aber noch in einer zweiten Hinsicht: Der Gesamtkomplex gegenwärtiger erziehungswissenschaftlicher Theorie wird nur bruchstückhaft erfaßt. Was in Vorlesungen und Seminaren angeeignet wird, sind mehr oder weniger beziehungslose Ausschnitte. Der Hinweis auf die allerorts eingetretene Spezialisierung rechtfertigt diese Situation nicht. Fachleute in naturwissenschaftlichen, kaufmännischen und anderen Bereichen haben jeweils nur eine Detailarbeit zu verantworten. Dagegen hat jeder Lehrer für die Erziehung als Gesamtkomplex mit einzustehen. Das aber wird er um so weniger können, je mehr er sich von Fall zu Fall auf die Versicherungen hochspezialisierter Autoritäten angewiesen sieht und selber nicht zu einer Gesamtperspektive gelangt. –

Die hier vorgebrachten schwerwiegenden Einwände können in den Verdacht geraten, reaktionär das Zurücktreten traditioneller Theorie und Ideologie zu beklagen und ihre erneute Inthronisierung zu betreiben. Es ist daher notwendig, darauf hinzuweisen, daß sich diese Einwände auch gegen die traditionelle Bildungstheorie richten. Diese war auf ihre Weise ebenfalls weitgehend entfremdet. Der Verfasser hatte bereits vor fast einem Jahrzehnt die damals noch herrschenden Grundsätze einer Pädagogik konfessionalistischen Zuschnitts der Kritik unterzogen.[6]) „Praxisverlust", wovon im Untertitel gesprochen wird, darf daher nicht im Sinne einer soeben überwundenen Situation mißdeutet werden. Die traditionelle Pädagogik war in ähnlicher Weise fixiert auf eine sich verselbständigende Theorie. –

Dieser Versuch, die aufgewiesene Entfremdung pädagogischer Theorie transparent zu machen, gehört in den Rahmen der Wissenschaftskritik. Er hat sich die Aufgabe gestellt, eine kritische Revision der Erziehungswissenschaft herbeizuführen und damit ein herrschendes Wissenschaftsverständnis zu relativieren. Ein solches Unternehmen setzt voraus, daß diese angeblich wissenschaftskritische Reflexion auch das ist, als was sie sich ausgibt und nicht selber in dem herrschenden Wissenschaftsverständnis befangen bleibt. In diesem Falle würde sie nur ein derzeitiges Wissenschaftsverständnis bestätigen können, nicht aber zu einer tiefergreifenden Kritik befähigt sein.

Die hier durchgeführte Reflexion geht auf ein derartiger Theorie vorgängiges Sinnesfundament zurück. Sie fragt nach dem in dieser Theorie ebenso wie in jeder Art Tätigkeit immer schon enthaltenen umfassenden Sinn. Dieser ist dem Einzelnen nicht immer voll bewußt, obgleich er sein Handeln bestimmt. So gesehen hat auch das für sich genommen spezialisierte wissenschaftliche Denken immer zugleich einen solchen umfassenderen Sinn. Der Spezialist weiß zwar im Augenblick des Forschens zunächst nur von dem speziellen Sinn seiner gerade betriebenen Theorie. Er übersieht oder vergißt leicht, daß auch dieses sein

Forschen in einer umfassenderen Perspektive steht, die sein Menschsein bestimmt und von der sein spezialisiertes Tun nur ein Teil ist. In dieser weiteren Perspektive zeigt sich möglicherweise sein Forschen und Theoretisieren als mehr oder weniger bewußtes Ausweichen vor einem Handeln, das praktische Konsequenzen von ihm fordern würde. Oder es zeigt sich als ein Weg, Möglichkeiten der Manipulation wahrzunehmen, die eine bestimmte Theorie eröffnet. – Um eine Mißdeutung auszuschließen, ist hinzuzufügen, daß ein solcher umfassender Sinn hier nicht aus einem hypostasierten metaphysischen System abgeleitet wird, sondern demgegenüber offen bleiben soll.

Diese Reflexion durchstößt damit die Grenzen einer sich als Wissenschaft verselbständigenden Theorie und verweist diese in einen über sie hinausreichenden Zusammenhang. Wenn man die Wirklichkeit, in der der Mensch steht und an der er denkend und handelnd teilhat, in der Unendlichkeit ihres möglichen Sinnes als Praxis bezeichnet, so erscheint diese Praxis als etwas aller Theorie, die solchen Sinn fixiert, überlegen. Wir gehen daher davon aus, daß diese Praxis in ihrer Unmittelbarkeit stets davor zu schützen ist, von einer Theorie vereinnahmt zu werden. Sie ist vielmehr offen zu halten für eine immer wieder neu sich ereignende ursprüngliche Erfahrung.

Wie jede Tätigkeit, so ist auch Erziehung und die sie reflektierende Theorie gleichermaßen angewiesen auf eine immer schon voraufgegangene Erfahrung. In ihr ist aber immer bereits, d.h. vor jeder ausdrücklichen Stellungnahme, die Welt und die eigene Lebenssituation in bestimmter Weise verstanden und gedeutet worden. Insofern bewegt die Erziehung und ihre Theorie sich immer schon innerhalb einer so und so gedeuteten Lebenssituation. Mit aller Entschiedenheit wird diese Tatsache von Siegfried Oppolzer hervorgehoben: „Der Pädagoge – und nicht nur er – hat es mit einer menschlich bereits gestalteten und gedeuteten Wirklichkeit zu tun. Die Erziehungswissenschaft kann niemals voraussetzungslos von vorne anfangen. Sie bleibt gebunden an das Vorverständnis des ihr zur Erforschung aufgegebenen Wirklichkeitsbereichs. Wenn sie dies übersieht, fällt sie in ein Naivstadium zurück. Wer... glaubt, alle Wirklichkeit mit einer einheitlichen empirischen Wissenschaft erfassen zu können, ist u.a. den Beweis dafür schuldig, daß auch die symbolische Wirklichkeit exakter Messung zugänglich und ohne Rest der allgemeinen Methodologie der sogenannten Erfahrungswissenschaften subsumierbar ist".[7]) Will man daher wissenschaftliche Theorie durchschauen auch und gerade dann, wenn sie sich gegenüber aller Praxis und zugehöriger unmitelbarer Erfahrung emanzipiert zu haben glaubt und sich verselbständigt, so wird man dieses in ihr wie in jedem Tun latent vorfindbare Vorverständnis aufdecken müssen.

Auf der anderen Seite ist ein in unmittelbarer Lebenserfahrung hergestellter Sachbezug als solcher aufzuweisen und vor der Verdächtigung durch eine rationalistische Wissenschaft zu schützen. Wenn die Wissenschaft die Vernunft usurpiert, muß auf die aller Wissenschaft vorausgehende und daher grundlegende Vernunft unmittelbarer Erfahrung verwiesen werden. Diese hat immer bereits etwas „vernommen", bevor sie entwerfend und beherrschend in die Wirklichkeit eingreift. Wissenschaftliches Analysieren und Konstruieren ist stets ein sekundäres Verhalten; denn es setzt immer schon einen Sachbezug, eine Teilnahme an etwas, voraus. Wirklichkeit erschließt sich zunächst in lebendigem, auf unmittelbarer Anschauung beruhendem Kontakt. Nur das, wozu ich so einen Bezug gewonnen und woran ich damit Anteil habe, kann ich analysieren.

Der ursprüngliche Sachbezug aber kann bei einem im Unterschied zum Wissenschaftler naiven Menschen differenzierter und stärker sein. Er erkennt in diesem Falle mehr als der Analytiker. Bei der wissenschaftlichen Arbeit kann sogar ein ursprünglich vorhandener Sachbezug verloren gehen – vor allem dann, wenn es sich bei dieser Tätigkeit vorwiegend um das Verarbeiten fremder Gedanken handelt. Wenn beispielsweise der Gegenstand künstlerischer oder religiöser Erfahrung wissenschaftlich analysiert wird, besteht die Gefhr, daß sich das ursprünglich Erfahrene in der Reflexion verflüchtigt und verloren geht, sofern nicht immer wieder neue Erfahrung gemacht und der Reflexion zugeführt wird.

So auch in der Erziehung: Wenn unmittelbare, lebendige Erfahrung mit Kindern nicht voranging und aufrechterhalten wurde, wird erziehungswissenschaftliche Reflexion zu einem leeren und für die Erziehung folgenlosen Geschäft. Wenn die eigene Erfahrung mit Kindern sich nicht in dieser Reflexion widerspiegelt, was leider in der gegenwärtigen erziehungswissenschaftlichen Literatur weitgehend der Fall ist, befähigt sie nicht zum persönlichen Umgang mit Kindern – allenfalls zur Klassifizierung von Rollenträgern und zur Messung der Intelligenz und eines angeblichen Lernerfolgs.

Die Entfremdung pädagogischer Theorie dokumentiert sich nicht zuletzt darin, daß sie alle unmittelbare Praxiserfahrung außer Kurs zu setzen sucht. Diese gerät in den Verdacht, nur zufällige, unverbindliche und daher nicht weiterführende Einsichten zu vermitteln, die wissenschaftlicher Prüfung nicht standhalten. Hinter diesem Verdacht steht eine unbedingte Wissenschaftsgläubigkeit, die in der Anreicherung wissenschaftlicher Theorie und ihrer erfolgreichen Anwendung den Fortschritt gewährleistet sieht. Es zeigt sich ein verhängnisvoller circulus vitiosus, der die Entfremdung vollends deutlich macht: Die Praxis gilt als erfolgreich absolviert, wenn sie einer wissenschaftlichen Theorie entspricht. Die erziehungswissenschaftliche Theorie ihrerseits gilt als erfolgreich, wenn ihre Anwendung funktioniert.

In diesem Falle haben Kinder nur noch die Funktion, erziehungswissenschaftliche Konstrukte und Programme funktionieren zu lassen. Sie sind dann erfolgreich erzogen, wenn die Theorie aufgeht. Die kritische Frage, was Erziehung ist, welchen Sinn sie hat und wo ihre Grenzen liegen, wird als unwissenschaftlich disqualifiziert; denn sie kann nur in einem allen Wissenschaftsentwürfen vorausgehenden Umgang mit Kindern entschieden werden.

Diese Untersuchung möchte dazu beitragen, die weitfortgeschrittene Entfremdung pädagogischer Theorie bewußt zu machen. Dabei geht es nicht um eine grundsätzliche Ablehnung wissenschaftlicher Ergebnisse. Was bedacht werden soll, ist vielmehr die Rückkoppelung aller die Erziehung betreffenden Erkenntnis an ein Erfahrungsfundament, das ebenso Sinn wie Grenzen der Erziehung vermittelt. Wenn einzig und allein jedwede mittels wissenschaftlicher Methoden gewonnenen Ergebnisse in der Pädagogik Anerkennung finden und das, was man machen kann, auch gemacht wird – ohne sich persönlicher Erfahrung mit Kindern auszusetzen und sich vor ihnen, die mehr oder weniger hilflos allen Experimenten und Maßnahmen ausgeliefert sind, verantworten zu müssen – wird das Kind als konkrete Person entwürdigt: Der Adressat aller Erziehung tritt damit zurück hinter allgemeine „Prozesse“ und „Strukturen“, die infolgedessen zum vorrangigen Gegenstand der Erziehungswissenschaft werden.

Eine solche Entwicklung hat aber auf die Dauer schwerwiegende Folgen im Hinblick auf die nachfolgende Lehrergeneration. Von einem Studium der Erziehungswissenschaft, das vornehmlich um gesellschaftswissenschaftliche, psychologische, ökonomische und politische Fragen kreist, die mit empirischen, analytischen und statistischen Methoden betrieben und gegebenenfalls noch im Rahmen eines spekulativen Gesellschaftskonzepts beantwortet werden, werden sich zunehmend diejenigen abgestoßen fühlen, die aus dem unmittelbaren Umgang mit Kindern zu ihrem Beruf motiviert werden. An ihre Stelle treten dann mehr und mehr primär an allgemeinen wissenschaftlichen oder politischen Problemen Interessierte, für die Kinder in erster Linie entweder Versuchspersonen oder Objekte politischer Indoktrination werden.

Programme und Ansprüche gegenwärtiger Erziehungswissenschaft

Weichenstellung bei den führenden Richtungen

Als unbedingter und höchster Anspruch, der alle Richtungen vereint, erscheint der Anspruch auf Wissenschaftlichkeit. Was das im einzelnen heißt, wird repräsentativ für die heute führenden Richtungen von Hans Bokelmann in folgender Reihenfolge präzisiert: Eindeutigkeit, Überprüfbarkeit, Anwendbarkeit und schließlich – sehr unterschiedlich akzentuiert – Emanzipationsfunktion.[8]) Dieser Aufbau läßt erkennen, daß es sich um einen mehr oder weniger an den empirisch-analytischen Wissenschaften orientierten Begriff von Wissenschaft handelt. Den vierten Gesichtspunkt der „Emanzipation" liefert das Wissenschaftsverständnis der sog. Kritischen Theorie der Gesellschaft, die in der Erziehungswissenschaft eine Verbindung mit den empirisch-analytischen Wissenschaften eingegangen ist.

Eine Frage erscheint, so gesehen, nur dann als sinnvoll, wenn anzunehmen ist, daß das Erfragte den angeführten Gesichtspunkten Genüge tut – also eindeutig definierbar und überprüfbar ist im Sinne einer von jedermann zu jederzeit handhabbaren Methode und schließlich jederzeit auf jeden entsprechenden Sachverhalt. anwendbar. Das aber setzt die absolute Gleichheit aller angenommenen Einzelfälle voraus. Der vierte Gesichtspunkt soll, wie noch gezeigt wird, diesen Wissenschaftskriterien eingepaßt werden.

Es springt in die Augen, daß alle drei Gesichtspunkte nicht zutreffend sind für Begriffe und zugehörige Lebensbereiche, die für jedes menschliche Leben von zentraler Bedeutung sind: Begriffe wie Lebenssinn, Lebenserfüllung, Glück, Hoffnung, Schuld und Verzweiflung, sowie Beziehungen wie Liebe oder Vertrauen. Sie müssen daher als unwissenschaftlich aus der Pädagogik eliminiert werden. Letzte Zweifel, ob dahingehend mit dem neuen Wissenschaftsideal ernst gemacht wird, schwinden, wenn die gegenwärtige amerikanische Erziehungswissenschaft zum Maßstab der in Deutschland etwas verspätet erreichten wissenschaftlichen Höhe erklärt wird; diese ist nämlich nahezu ausschließlich auf empirisch-analytische Forschung und darauf aufgebaute Erziehungstechnik ausgerichtet. Es bleibt die Frage, ob überhaupt noch von Erziehung gesprochen werden kann, wenn derart zentrale Lebensvollzüge wie die genannten aus der Pädagogik ausgeschlossen werden und der Mensch praktisch so halbiert wenn nicht „geviertelt“ wird.

Die drei ersten Wissenschaftskriterien werden schließlich ergänzt durch den leitenden Gesichtspunkt der Psychoanalyse und der mit ihr gekoppelten Kritischen Theorie: *Emanzipation* erscheint als Einsicht in vorgegebene Abhängigkeitsverhältnisse, teils libidinöser, teils politischer Natur. Emanzipation, so verstanden, ist den drei zuvor genannten Kriterien der Wissenschaftlichkeit integriert, wenn die Abhängigkeitsverhältnisse eindeutig bestimmbar erscheinen, und zwar: einerseits psychoanalytisch als Unterdrückung durch eine Vaterautorität und andererseits ökonomisch als Unterdrückung durch kapitalistische Herrschaftsstrukturen. Emanzipation ist dann das Sichlösen aus den genannten Abhängigkeiten. Sie ist auf diese Weise aber nur *negativ* bestimmt. Eine *positive* Bestimmung von Emanzipation müßte Begriffe wie Lebenssinn, Glück, Freiheit und andere in umfassender Bedeutung mit einbeziehen; es dürfte also beispielsweise Glück nicht auf Lustgewinn und Freiheit nicht auf materielle Unabhängigkeit reduziert werden.

Solche Begriffe können aber mit ihrem nicht abwägbaren Sinngehalt in der hier definierten Wissenschaft keinen Platz haben, für die nur das zählt, was auf eindeutige Formeln zu bringen ist. Damit aber erscheinen sie auch nicht mehr relevant für die Erziehung; denn die Erziehungswissenschaft soll nach Wolfgang Brezinka „in intersubjektiv nachprüfbaren Sätzen über den Wirklichkeitsbereich ‚Erziehung‘ informieren“.[9]) Intersubjektivität und Information sind dabei in die schon markierten Grenzen verwiesen.

Die von Brezinka genannten grundlegenden Anweisungen: Beschreiben, Erklären und Voraussagen erfolgen im Rahmen des oben angeführten Maßstabs der Eindeutigkeit, Überprüfbarkeit und Anwendbarkeit. Der Zusammenhang der angeführten drei Stufen liegt auf der Hand: Was Voraussagen ermöglicht und in diesem Sinne technische Anwendbarkeit garantiert, setzt Überprüfbarkeit im Sinne streng kausaler Erklärungen voraus. Diese aber setzt Eindeutigkeit in der Beschreibung voraus. Auf Herkunft und Begründung solcher Wissenschaftsmethodik wird an anderer Stelle noch näher eingegangen.

Gegen die damit kurz umrissene Leitlinie der primär auf empirischer Basis begründeten Erziehungswissenschaft muß bereits hier ein schwerwiegender Einwand erhoben werden: Mit dem von ihr zugrundegelegten Wissenschaftsbegriff hat diese Erziehungswissenschaft bereits vorab, d.h. vor jeder tatsächlichen Erfahrung, über das entschieden, was innerhalb der Erziehung als Tatsache gelten kann. Mit der Grundforderung nach Eindeutigkeit und kausaler Erklärbarkeit scheidet sie von vornherein Tatsachen aus, mit denen jeder Erzieher zu rechnen hat:

Er hat Kinder vor sich, die – wie er selbst – so etwas wie eine Lebenserfüllung anstreben; Lebenserfüllung ist aber ein wissenschaftlich nicht zu fassender Sachverhalt – zumal wenn sich zeigt, daß wirkliche Erfüllung über den Besitz der im Leben erreichbaren Güter hinausreicht. Er hat Kinder vor sich, die – wie er – zu denen, die mit ihnen Umgang haben – nicht zuletzt mit den ihnen zugewiesenen Pädagogen – ein Vertrauensverhältnis anstreben; aber Vertrauen entzieht sich wissenschaftlicher Analyse und ist nicht mit irgendwelchen Methoden erzwingbar. Er hat schließlich Kinder vor sich, die – wie er – unter Vereinsamung leiden, ungeachtet zahlreicher Kontakte; aber auch Vereinsamung ist eine empirisch nicht voll zu erfassende Größe. Gruppendynamische Therapie reicht nicht aus, sie zu überwinden; denn Gruppenerlebnisse zu haben heißt noch lange nicht, der Einsamkeit zu entkommen. Ein Erzieher hat auch mit Kindern zu tun, die – wie er – mit selbstverschuldetem Versagen nicht fertig werden. Die hier skizzierte erziehungswissenschaftliche Theorie wird aber kaum in der Lage sein, Schuld, Resignation und Verzweiflung angemessen zu begreifen. Erst recht vermag sie keine Methoden zu entwickeln, solche Schuld aus der Welt zu schaffen.

Von alledem, was hier zuletzt angeführt wurde, ist in den Büchern gegenwärtiger Pädagogik, die Tatsachenforschung betreibt, keine Rede mehr. Diese Tatsachen aber bestehen nach wie vor weiter – ungeachtet einer erziehungswissenschaftlichen Theorie, die sie verschweigt bzw. aus wissenschaftstheoretischen Erwägungen nicht gelten lassen kann. Diese Tatsachen ernst zu nehmen, überlassen die Erziehungswissenschaftler einem „vorwissenschaftlichen Erziehungsverständnis" „Ihre Denkstufe ist dadurch charakterisiert, daß sie versuchen, die ‚Erziehungswirklichkeit' mit Hilfe empirischer Forschungsmethoden zu objektivieren und jedes vorwissenschaftliche Erziehungsverständnis zu kritisieren".[10])

Doch sehen wir uns diese Richtungen noch genauer an. Was heißt insbesondere der Begriff „objektivieren", der eine so maßgebende Rolle bei der Feststellung der sog. Erziehungswirklichkeit spielt? Nach dem hier allgemein zugrundegelegten Verständnis sind objektivierte Vorgänge solche, bei denen eine Gesetzmäßigkeit festgestellt werden konnte. Nur das Auffinden von Gesetzmäßigkeiten wird als „Erkenntnis" anerkannt. Erkenntnis wird so gleichbedeutend mit einer „Erklärung", die Kausalbeziehungen aufzeigt und jederzeit entsprechende Voraussagen gestattet. „Ohne Gesetze sind weder Erklärungen noch Voraussagen noch die technologische Anwendung wissenschaftlicher Erkenntnisse möglich".[11]) Als unterscheidendes Merkmal des besonderen Feldes der Erziehungswissenschaft von dem der Physik und anderer Naturwissenschaften erscheint die größere Komplexität, die erhöhte Anforderungen bei der vorausgehenden Beschreibung stellt. „Um auf diesem komplizierten Feld einige Gesetzmäßigkeiten entdecken zu können, welche für Erklärungen, Prognosen und technologische Aussagen brauchbar sind, müssen sehr genaue Beschreibungen der relevanten Phänomene und der zwischen ihnen auftretenden regelmäßigen Beziehungen vorausgehen".[12])

Damit ist ein Programm angegeben, das unmißverständlich diejenigen Erkenntnisse im Rahmen der Erziehung in den Vordergrund rückt, die von der Besonderheit des einzelnen Kindes absehen zugunsten übergeordneter Gesetzmäßigkeiten und Strukturen. Die Besonderheit des Kindes, die man außerhalb der Erziehungswissenschaft seine individuelle, persönliche Ausprägung nennt, findet nur eine bedingte, vorläufige Anerkennung – nur so lange nämlich, als es noch nicht gelungen ist, das kindliche Verhalten restlos auf übergeordnete Gesetzmäßigkeiten zu reduzieren oder im Sinne einer vorgefaßten politischen Systemvorstellung zu regulieren. Erst an späterer Stelle kann gezeigt werden, daß auch die ausdrücklichen Befürworter einer emanzipatorischen Pädagogik weit davon entfernt sind, hier einen Ausgleich zu schaffen. Insofern hat auch die von Brezinka übernommene pragmatische Formulierung Poppers innerhalb der Erziehungswissenschaft in einem weiteren Rahmen Geltung als es zunächst scheinen mag: „Die Theorie ist das Netz, das wir auswerfen, um ‚die Welt' einzufangen, – sie zu rationalisieren, zu erklären und zu beherrschen. Wir arbeiten daran, die Maschen des Netzes immer enger zu machen".[13])

Wenn die „Objektivierung" der Erziehungswirklichkeit im Sinne von Eindeutigkeit, kausalgenetischer Erklärung und ihrer technischen Anwendung zum Prinzip erziehungswissenschaftlicher Theorie und Forschung erklärt wird, ist es konsequent, auch erziehungswissenschaftliche Tatsachen in die Symbolsprache der Kybernetik zu übertragen. Entsprechend reduzierte Erziehungs- und Lernprozesse werden dann durch Maschinen bzw. Automaten handhabbar.[14]) Nach Helmar Frank sucht die kybernetische Pädagogik „kalkülisierende Methoden als Voraussetzung für die von ihr erstrebte zuverlässige Objektivierung pädagogischer Arbeitsvollzüge".[15]) Deren Aufbau und Zusammenhang erscheint nach den Regeln mathematischer Logik handhabbar: „Bei der durch einen Rechner objektivierten Unterrichtsvorbereitung (müssen) die Ergebnisse ... der Lehrplanung als algorithmisch weiter verarbeitbare Daten vorausgesetzt werden".[16])

Seitens der kybernetischen Richtung kennzeichnet Felix v. Cube mit wünschenswerter Offenheit die bestimmende Mentalität der Erziehungswissenschaft, die mit der beherrschenden Zeittendenz übereinstimmen dürfte: dem „Bewußtsein der prinzipiellen Machbarkeit".[17]) Es handelt sich nach v. Cube dabei um das sog. technische Bewußtsein, das inzwischen auch den pädagogischen und sozialen Bereich erfaßt hat. Mit Genugtuung stellt er fest: „Die Machbarkeit vollzieht sich auf wissenschaftlicher Grundlage". Die wissenschaftliche Methode wende sich gegen jede Art von Dogma, das sich der Nachprüfbarkeit entzieht. Damit bleiben alle oben andeutungsweise genannten

Tatsachen, die sich wissenschaftlicher Erklärung und zugehöriger Beherrschung entziehen, unberücksichtigt, die in ihnen gründenden Erkenntnisse werden zu bloßen Dogmen erklärt.

Die Frage, ob solche wissenschaftliche Methode dem Menschen gerecht zu werden vermag, wird von v. Cube nicht gestellt. Sie umfassend zu beantworten, würde voraussetzen, daß das, was der Mensch ist, nicht vorweg auf das hin zugeschnitten und verkürzt wird, was im Sinne empirischer Wissenschaft erklärbar ist. Was v. Cube mit „Erziehung zur Rationalität" ins Auge faßt, geht indessen von einer solchen Verkürzung aus und versucht alle Faktoren zu eliminieren, die möglicherweise diesen Entwurf des Menschen in Frage stellen können.

Auf diesem Hintergrund erscheint diejenige Richtung in der Erziehungswissenschaft verständlich, die für sich in Anspruch nimmt, eine sog. „emanzipatorische Pädagogik" differenzierter zu begründen. Im weitesten Sinne würde sich auch die von Cube herausgestellte „Erziehung zur Rationalität" – das liegt bereits in dieser Formulierung – und die zugehörige Erziehungswissenschaft als „emanzipatorisch" bezeichnen. Die hier genannte Richtung „emanzipatorischer Pädagogik" versteht indessen den Begriff der Emanzipation politisch.

Bei einer von Fall zu Fall unterschiedlichen Betonung empirisch gewonnener Ergebnisse treten gesellschaftskritische Aspekte in den Vordergrund. Entsprechend der unterschiedlichen Akzentuierung der Empirie auf der einen und systembildender Theorie auf der anderen Seite differiert u.a. die Benennung, unter der diese Richtung läuft. In starker Annäherung an die empirisch-analytischen Richtung nennt Dieter Ulich das Feld der Erziehungswissenschaft „ein Netzwerk analytischer Konstrukte und Hypothesen über funktionale oder kausale Abhängigkeiten"[18]) und definiert die Erziehungswissenschaft als „erfahrungskritische Sozialwissenschaft". Dabei denkt er an eine Einheit von empirischer Bedingungsfeststellung und sozialtechnologischer Rationalisierung der Erziehungspraxis zur Freilassung emanzipatorischer Potenzen sowie von Ideologiekritik und Überwindung der bestehenden Praxis.[19]) – Von der anderen Seite her vertritt Hans-Jochen Gamm Erziehungswissenschaft als „materialistische Pädagogik" im Anschluß an die Theorie von Marx und Engels,[20]) die bei Ulich relativ stark zurücktritt.

Was, so bleibt zu fragen, ist nun die genauere Bedeutung des Begriffs „Emanzipation" und welche Konsequenzen werden daraus für die Erziehungswissenschaft gezogen? Bei näherem Zusehen zeigt sich, daß dieser politische Emanzipationsbegriff sich durch seine Unschärfe auszeichnet. Unterschiedliche politische Standpunkte können sich dahinter verbergen. Aufschlußreich ist in diesem Zusammenhang ein Hinweis von Ludwig Kerstiens auf den Ergebnisbericht der Hessischen Kommission zur Neuordnung der Lehrerausbildung: „Da man sich", so heißt es dort, „in der Kommission über den Begriff der ‚Demokratisierung' nicht einigen konnte, übernahm man stattdessen den Begriff der ‚Emanzipation', der allgemeine Zustimmung fand".[21]) Dieser Begriff ist lediglich festgelegt auf einen negativen Bedeutungsgehalt. Er meint: Aufhebung aller, vornehmlich gesellschaftlichen „Zwänge", d.h. dessen, was Freiheit einschränkt. Von dorther erhält der Begriff „Konflikt" innerhalb der Erziehungswissenschaft eine Schlüsselstellung.[22]) Damit aber ist die Sache nicht klarer solange unbestimmt bleibt, was „Freiheit" in einem positiven Sinne besagt.

Die Vertreter der Emanzipationspädagogik weichen hier einer detaillierten Zielsetzung aus zugunsten ebenfalls vage bleibender politischer Ziele. So heißt es etwa bei Georg M. Rückriem: Die gesellschaftlichen Bedingungen ließen die Realisierung des Pädagogisch-Richtigen nicht zu. Daher wird Gegenstand und Ziel der Erziehungswissenschaft wie folgt bestimmt: Die Theorie der Erziehung müsse dazu anleiten, in revolutionärer Praxis entsprechende gesellschaftliche Bedingungen herzustellen.[23]) Dieser Gedanke entbehrt nicht der Konsequenz: Wenn das Pädagogisch-Richtige nicht zu realisieren ist, erscheint es wenig sinnvoll, sich vorerst noch weiter damit zu beschäftigen. Hier zeigt sich aber nun offenkundig, daß das, was wir als Kennzeichen gegenwärtiger Erziehungswissenschaft herausgestellt haben – nämlich sich vom Kind und seinem konkreten Dasein zu entfernen –, in eigentümlicher Weise auch für die Richtung gilt, die den Gesichtspunkt der Emanzipation einem nur technologisch ausgerichteten Denken entgegen hält.

Das wird mit letzter Deutlichkeit von Klaus Mollenhauer, einem ihrer führenden Vertreter, formuliert: Gegenstand der Erziehungswissenschaft seien nicht die handelnden Individuen – gerade dies, so heißt es, wäre eine bürgerliche Täuschung – sondern die Regeln, welchen die pädagogische Kommunikation historisch-faktisch folgt und die besondere Form von Gesellschaftung, die in solchen Regeln am Werke ist.[24]) Es geht also nicht mehr primär um konkrete Individuen und ihre Entwicklung, sondern um Gesellschaftstheorie. Hier, so könnte man sagen, ist ein fast hoffnungsverheißender Punkt erreicht, an dem eine von der Erziehung sich entfernende sog. Erziehungswissenschaft sich selbst aufgibt. Dazu konnte es nur kommen, nachdem der ursprüngliche Antrieb aller Erziehung – nämlich ein direktes Interesse an Kindern und ihrem individuellen Dasein – abgedankt hat zugunsten eines mehr oder weniger ausschließlichen Interesses an politischen Strukturen und zugehörigem Rollenverhalten.

Vom je konkreten Leben des Kindes her gesehen, erscheint die Gleichsetzung von Kindern mit „Rollenträgern" als eine Abstraktion. Es handelt sich um ein von der analytischen Soziologie entworfenes Konstrukt.[25]) Menschliches, bzw. kindliches Verhalten in bestimmten Rollen zu begreifen, bedeutet bereits vom Ansatz her ein bewußtes Absehen von individuell geprägten Lebensäußerungen zugunsten eines Rasters, der statistische Verfahren ermöglicht. Das bedeutet: Kinder werden sondiert nach übergreifenden Befunden. Wenn von vornherein feststeht, daß so etwas wie Rollen ermittelt werden soll, können nur statistische Verfahren entsprechende Ergebnisse liefern.

Was als rollenfixiertes Verhalten erscheint, ist daher nichts anderes als die logische Konsequenz eines bestimmten Beobachtungsverfahrens. Dieses Beobachtungsverfahren bestimmt das kindliche Verhalten ausschließlich aus der Perspektive eines unbeteiligten Betrachters. Dieser registriert Zusammenhänge von Umweltbedingungen und Verhaltensweisen, d.h. bestimmte Regelmäßigkeiten. Die bei solcher Beobachtung erzielten statistischen Ergebnisse – sog. „Verhaltensmuster" oder Regeln – gestatten nun ihrerseits wiederum entsprechende Anwendung. Das heißt: Durch bewußte Abänderung der Umwelt kann nun ein entsprechend abgeändertes Verhalten „produziert" werden.

Emanzipative und empirische Pädagogik gehen zunächst von der hier umrissenen Methode als gemeinsamer Grundlage aus. Sie unterscheiden sich nur bedingt. Die rein empirische Richtung versucht wertfrei diese Umwelt zu bestimmen. Sie wertet aber dennoch, indem sie eine mögliche Programmierung zum obersten Grundsatz des Lehrens und Lernens macht. Die emanzipative Pädagogik bringt dagegen den Begriff der „Emanzipation" bewußt als Wert ins Spiel.

Solange dieser Begriff aber nur negativ gegen sog. herrschende Verhaltensmuster abgesetzt wird, bleibt die dahinterstehende Auffassung vom Menschen bzw. vom Kind und seiner Entwicklung, weiterhin dem hier gekennzeichneten Rollendenken verhaftet. Es sind dann lediglich Veränderungen der gesellschaftlichen Umwelt zu erwarten, die in gewissem Sinne Umkehrungen sind, ohne im Kern etwas zu ändern: d.h. ohne das Rollendenken und Rollenverhalten als solches zu transzendieren. Lediglich die Rollen werden andere: Anstelle von bloßer Anpassung an eine vorgegebene Realität werden politische Rollen zum Zwecke ihrer Veränderung eingeübt.

Für autonomes und kreatives Verhalten ist in beiden Fällen kein Platz vorgesehen, da das Denken in Rollen und die zugehörigen Methoden ein solches Verhalten nicht vorsehen. Als dringlich für eine Pädagogik, die Autonomie anders als rollentypisch bestimmen und dazu erziehen will, bleibt mithin die Frage nach ihrem Ausgangspunkt, nämlich ihrem Begriff von Praxis. Dieser Begriff von Praxis müßte eine vorgängige Verfügung über das Kind vermeiden, indem er dieses nicht schon vorab von außen zu bestimmen und festzulegen versucht, sondern ihm Raum läßt, sich von innen her selbst zu bestimmen und so seine Identität zu finden.

Konsequenzen in der Lernzielfrage

Die Bemühungen der Erziehungswissenschaft kulminieren gegenwärtig in der Bestimmung von Lernzielen und einer auf sie ausgerichteten Bildungsplanung. In der sich hier abspielenden Diskussion werden Anspruch und Programm der Erziehungswisenschaft daher am greifbarsten. Es geht dabei um ein umfassendes Ordnungsschema, in das alle Teilbereiche des Lehrens und Lernens integriert werden sollen.

Lernziele im weitesten Sinne hat es stets gegeben, wo gelehrt und gelernt wurde. Dabei handelt es sich zunächst um eine Summe partikularer Zielsetzungen, die in mehr oder weniger strenger Abfolge erreicht werden. In den voraufgegangenen Geschichtsepochen stand solcher Studienaufbau unter einer übergreifenden Bildungsidee, in der jedes Zeitalter zentriert war. Wir erleben heute schmerzlich den Verlust einer umfassenden Bildungsidee – insbesondere sofern uns Erziehung und Bildung aufgetragen sind. Traditionsverfall und Kulturkrise sind die oft zitierten Kennzeichen unserer gegenwärtigen Situation. Auf diesem Hintergrund wird das Bestreben nach einer Neuorientierung und Ordnung des Bildungs- und Erziehungswesen verständlich.

Die überkommenen Lehrpläne werden seitens der Erziehungswissenschaft in zweierlei Hinsicht als unzureichend angesehen: Einmal sofern sie jeweils nur partikulare, nach Fächern getrennte Ziele anvisieren, zum anderen sofern diesen Zielen die Eindeutigkeit fehlt. Wir gehen auf beide Gesichtspunkte zunächst getrennt ein.

Der führende Theoretiker und Planer einer Curriculumentwicklung in der Bundesrepublik, Saul B. Robinsohn, umreißt die hier anstehende grundlegende Aufgabe der Erziehungswissenschaft als „Versuch, radikale Curriculumreform von den Zielen her zu legitimieren... Nicht nur die Methoden auch die Möglichkeiten und Grenzen einer solchen umfassenden Legitimierung sind Gegenstand der Diskussion – anderswo ebenso wie in der Bundesrepublik".[26]) Robinsohn muß bei der Bemühung, eine Vorlage für eine umfassende curriculare Organisation des Bildungswesens in der Tradition zu finden, bezeichnenderweise auf die Pädagogik des Barock zurückgreifen. Das ist insofern aufschlußreich, als das Barock in der Geschlossenheit des Weltbildes und zugehöriger religiös-sittlicher Maßstäbe, wie auch auf Grund eines durchgängigen Stilempfindens, die letzte in sich geschlossene Kulturepoche war. Was damals geistige und politische *Wirklichkeit* war – nämlich die genannte Einheit des Denkens und Empfindens, repräsentiert in einem übereinstimmenden Lebensstil – kann heute nur noch als *Utopie* erscheinen. Man fragt sich, wie heute auf dem Hintergrund auseinanderstrebender Stile und Geistesrichtungen eine solche Einheit noch zustande kommen soll. Es ist ferner zu bedenken, daß die

Pädagogik stets nur die Folge nie aber der Ursprung einer bestimmten Denk- und Lebensform war.

Die Neukonzeption eines Curriculum steht, wie oben angedeutet wurde, aber noch unter einer zweiten Forderung: nämlich nach Eindeutigkeit der Lernziele. Diese Tendenz wird verständlich aus dem Bemühen um einen Planungsentwurf, der restlos kalkulierbar wird und Abweichungen ausschließt. Es handelt sich dabei um einen im naturwissenschaftlich-technischen Denken entwickelten Gesichtspunkt der Präzision, der entsprechende „Erfolge" sichern könnte, wie wir sie auf naturwissenschaftlich-technischem Gebiet vor Augen haben.

In welchem Sinne das nun auch für Lernvorgänge gilt oder gelten soll, sei im Anschluß an diejenige Richtung experimenteller Psychologie kurz dargelegt, die den Begriff „Lernziel" begründet hat. Es handelt sich um den in Amerika begründeten Behaviorismus, der insbesondere von Skinner in pädagogischer Richtung weiter entwickelt wurde. Anstelle von Bewußtseinsinhalten werden zugehörige Verhaltensweisen untersucht, weil Bewußtseinsinhalte einer exakten empirischen Beobachtung nicht zugänglich sind. Was einer denkt, fühlt und will, läßt sich nur ungenau ermitteln. Demgegenüber kann man Verhaltensweisen objektiv beobachten. Man geht daher von der Grundeinheit „Verhalten" aus.

Entsprechend der Bestimmung physikalischer Vorgänge gelangt man dabei auch innerhalb des menschlichen Verhaltens zu gewissen Gesetzmäßigkeiten im Sinne der Kausalität. Verhalten wird verstanden und erklärt nach Ursache und Wirkung – das bedeutet in diesem Falle: nach Reiz und Reaktion. Auch Lernziele werden nun, um empirisch faßbar und technisch planbar zu werden, als bestimmte Verhaltensweisen definiert. Sie sind im Unterricht erreichbar, sofern die Lernenden einem entsprechend programmierten Verfahren ausgesetzt werden. Dabei geht man von kalkulierbaren Verhaltensweisen aus.

In diesem Ansatz wird bereits deutlich: Das einzelne Kind als Ausgangspunkt und Endpunkt erzieherischen Handelns wird reduziert auf Verhaltensweisen, die es mit allen Artgenossen teilt. Zugehörige Unterrichtsbedingungen schließen nach Möglichkeit Eigenart und individuelle Motivation des Schülers aus zugunsten streng objektivierbarer Vorgänge. Dabei fällt noch besonders ins Gewicht, daß diese Vorgänge nicht einmal im Umgang mit Kindern erarbeitet, sondern ausschließlich zunächst über Tierexperimente erschlossen worden sind. Diese liefern dann die Kriterien, die innerhalb des menschlichen Bereichs zugrunde gelegt und pädagogisch angewandt werden.

Die Anwendung ist gekennzeichnet durch sog. Verstärkungsreize, die dazu führen, ein beliebiges ins Auge gefaßtes Verhalten zu erzwingen. Bekanntestes Beispiel ist der sog. Problemkäfig, wo Versuchstiere lernen, bestimmte Hebel zu betätigen, um sich Futter zu verschaffen, das in diesem Falle einen Verstärkungsreiz für den Lernvorgang ausübt. „Eine hungrige Ratte drückt den Hebel und bekommt Futter. (Häufigkeit des Drückens nimmt zu.) Eine Taube pickt auf die Scheibe und bekommt Futter. (Häufigkeit des Pickens nimmt zu.)"[27])

Diese Lerntheorie kennt keine Unterschiedlichkeit persönlicher Motive im Sinne individueller Spontaneität. Sie rechnet nur mit gleichförmigen gesetzmäßig fixierbaren Verhaltensweisen. Die Parallele zu physikalischen Vorgängen, wie sie nachfolgend formuliert wird, liegt auf der Hand. „Für denjenigen, der sich entschieden hat, die verhaltenspsychologische Lerntheorie auf menschliches Lernen anzuwenden, lautet also die Frage bei der Beobachtung von Lernprozessen im Unterricht...: ‚Welche Ereignisse haben bei einem bestimmten festgestellten Lernprozeß die Funktion von Verstärkungsreizen gehabt?' Dieses Vorgehen wäre ganz analog dem Vorgehen des Physikers, der... bei jeder Beobachtung der Änderung des Bewegungszustandes eines Körpers... fragt: ‚Welche Kräfte waren hier wirksam?'"[28])

Hervorstechendes Merkmal der hier entwickelten verhaltenspsychologischen Theorie ist die mehr oder weniger totale Gleichschaltung der dem Erziehungs- und Lernprozeß ausgesetzten Kinder. Skinner spricht offen aus: „Der Mensch ist eine Maschine, allerdings eine ungeheuer komplexe".[29]) Damit greift er die fast 200 Jahre alte Hypothese de Lammetries wieder auf und sieht sie wissenschaftlich bestätigt. Es kommt lediglich darauf an, den Mechanismus besser zu kennen als Lammetrie, der nur die Hypothese lieferte; dann ist man nämlich in der Lage, seine Funktionen zu modifizieren. Darin aber liegt die eigentliche Intention Skinners: „Die experimentelle Verhaltensanalyse befaßt sich nicht mit der Erprobung von Theorien, sondern mit der direkten Modifikation von Verhalten".[30])

Wir haben hier eine Forschung vor uns, die zunächst nichts anderes sein will als empirische Wissenschaft. Man müßte sich allerdings bewußt die Augen zuhalten, würde man die auf der Hand liegenden Konsequenzen ignorieren. Hier wird ein zuverlässiges Instrument an die Hand gegeben, Menschen in jeder beliebigen Richtung zu manipulieren.

Der Einwand von Wilfried Kuckartz, speziell gegen eine entsprechende Handhabung der von ihm analysierten Theorie Skinners, kann nicht ernst genug genommen werden. „Alle natürlichen Unterschiede werden radikal erst weggedacht und dann weggeschafft, weil man sich nur so der notwendigen Beherrschbarkeit der Menschenmassen versichert glauben kann, der jede Individualität im Wege ist".[31]) Angesichts der um sich greifenden Erfolge solcher „Programmierung" der menschlichen Person im allgemeinen und neuerdings im Bereich von Schule und Erziehung im besonderen muß man sich in der Tat fragen, inwieweit der Mensch solches noch verkraftet, d.h. „die biologische Belastbarkeit noch geht, was alles an Deformierung er noch aushalten kann".[32])

Die Taxonomie von Benjamin S. Bloom gab den entscheidenden Anstoß zu einer umfassenden Lernzielbestimmung auf dieser empirisch wissenschaftlichen Grundlage.[33]) Im engen Anschluß an die Verhaltenspsychologie werden danach Lernziele nicht mehr als Inhalte sondern als Verhaltensweisen bestimmt. Es geht zunächst nicht um das zu erreichende Wissen, sondern um die zu erlangende Fähigkeit. Dabei werden sog. operationale Definitionen angestrebt. Das sind solche, die eine exakte Abfolge der einzelnen Lernschritte und eine zugehörige exakte Bestimmung der Bedingungen des jeweiligen Lernerfolgs geben. Der Begriff der Operationalisierung wurde aus der Physik entnommen. Ein Begriff oder eine Definition ist dann operational, wenn damit nur bestimmte beliebig wiederholbare Erkenntnisschritte (Operationen) bezeichnet werden.

Es erscheint von vorrangiger Bedeutung, das sog. Endverhalten, also das oberste Lernziel, präzise zu bestimmen. Die dazu erforderlichen Bedingungen werden auf analytischem Wege durch eine entsprechende Zerlegung gewonnen. Das Endverhalten und die zu ihm hinführenden Bedingungen werden dabei als beobachtbare Vorgänge aufgefaßt.

Das bisherige Verständnis von Unterricht und Erziehung rechnete beim Umgang mit Schülern noch mit Unvorhersehbarem und ließ damit Raum für spontanes Denken und Verhalten. Die an der Idealvorstellung des Programmierten Unterrichts orientierte Didaktik schließt derartige Vorkommnisse aus: „Lehren in der Form, daß klar ist, wie ein bestimmtes Lernziel erreicht werden kann, daß man recht genau weiß, unter welchen Bedingungen (Voraussetzungen) ein Lernziel ganz sicher erreicht werden wird – dies ist jetzt und in Zukunft möglich".[34]) Dahinter steht das Bewußtsein, eine bislang noch angenommene Unverfügbarkeit des Kindes dank wissenschaftlicher Methoden verfügbar zu machen. Christine Möller, die im Anschluß an die Untersuchungen von Robert F. Mager in Deutschland in dieser Richtung wegweisend gearbeitet hat, versteht die Schule als „ein Produktionszentrum, in dem – auf effektvollste Weise womöglich, – Wissen, intellektuelle Fertigkeiten, Einstellungen, Gefühle, Interessen, Willenserlebnisse und manuelle Fertigkeiten produziert werden sollen".[35]) Wie man sieht, werden nicht einmal „Einstellungen" und „Gefühle" als irrational ausgeklammert, sofern es nur gelingt, sie zu „produzieren". Es geht also offensichtlich darum, den ganzen Menschen, der ja vornehmlich in seinen Einstellungen und Gefühlen lebt, verfügbar zu haben und nicht nur seine Rationalität auszubilden.

Während Mager noch darauf hingewiesen hatte, „daß es um so schwieriger ist, ein Lernziel zu beschreiben, je bedeutender es ist"[36]) und Hermann Krings in der Bildungsplanung damit rechnet, daß die unter dem Gesichtspunkt der

Humanität ranghöchsten Lernziele sich kaum operationalisieren lassen, hält Christine Möller gerade diese Operationalisierung für vorrangig. „Vielleicht dürfte gerade in den Bereichen des komplexeren, kognitiven und affektiven Verhaltens die Methode der Operationalisierung besonders angezeigt sein als Voraussetzung einer transparenten, effektvollen Unterrichtsarbeit".[37]) „Transparenz" und „Effektivität" werden zu Leitbegriffen des hier projektierten Unterrichtsstils, der keine offenen Stellen mehr duldet.

„Transparenz" meint die totale Verfügbarkeit aller Unterrichtsfaktoren, d.h. den Ausschluß aller rational nicht auflösbaren Unterrichtsinhalte wie allen nicht kalkulierbaren Schülerverhaltens. „Effektivität" meint ein Höchstmaß quantifizierbarer und damit kontrollierbarer Leistung. Eindeutigkeit und Präzision werden damit zum Maßstab des Bildungserfolgs. Vorrangiger Gegenstand didaktischer Bemühungen wird daher die Ausarbeitung sog. Feinlernziele. Als Feinziel gilt ein Lernziel, „das den höchsten Grad an Eindeutigkeit und Präzision aufweist" und „alle Alternativen ausschließt".[38])

Hier wird nun vollends deutlich, daß die Erziehungs- und Unterrichtspraxis mit den an ihr beteiligten Kindern zum bloßen technischen Anwendungsfeld einer funktionalen Theorie wird. Der Pädagoge aber wird, je nachdem ob es sich um eine noch zu erprobende oder bereits erprobte Theorie handelt, zum Experimentator oder zum Manager. Die Kinder aber, um die es geht, werden zu Versuchspersonen oder zu im Sinne des Managements funktionierenden Objekten. Noch zu fragen, was aus einem Kind im einzelnen werden soll und ob die hier erzielten Leistungen zu seiner Lebenserfüllung beitragen, kommt gar nicht mehr in den Sinn; denn man hat sich auf ein Leistungssoll festgelegt, das die wissenschaftliche Methode und nicht die Frage nach dem Wohl der Kinder bestimmt.

Es sind bereits verschiedenerseits Bedenken gegen ein derartiges Erfolg versprechendes Konzept vorgebracht worden. Wir greifen hier die fundamentale Frage von Horst Rumpf nach den Wertsetzungen auf, die vorgenommen werden, wenn alle nicht in dieses zweckrationale Konzept passenden Äußerungen und Handlungsweisen des Kindes als „Störfaktoren" oder „Fehlverhalten" disqualifiziert werden.[39]) Wir möchten mit Rumpf die Legitimität der Monopolstellung infrage stellen, die dieses Konzept für sich beansprucht.

Wenn die hier untersuchte pädagogische Theorie und zugehörige Technik das Reservat einer bestimmten Richtung innerhalb der Erziehungswissenschaft wäre, erschiene es noch zweifelhaft, ob die weitere Entwicklung von ihr bestimmt wird. Es könnte dann erwartet werden, daß im Gegenspiel der Richtungen und Kräfte alsbald ein Ausgleich stattfindet, bei dem die hier unterschlagene Kreativität des Kindes wieder zu ihrem Recht kommt. Daß dem nicht so ist, zeigt eine kritische Betrachtung der anderen führenden Richtung der

Erziehungswissenschaft, die sich die *emanzipative* nennt. Sie tritt als beherrschender Gegenspieler auf und führt Begriffe wie Selbstbestimmung und Mündigkeit gegen „Technokratie“ und alle von außen kommenden „Zwänge“ vorgreifender Planung ins Feld. Einer ihrer maßgebenden Wortführer ist Herwig Blankertz.

Man hat sich innerhalb der Erziehungswissenschaft an das Gegeneinander der genannten Richtungen so gewöhnt, daß dabei der Blick verloren geht für einen zwischen ihnen längst stattgefundenen weitgehenden Konsens. Beide Richtungen kommen darin überein, Lernprozesse in bestimmter Weise zu fixieren, sowie eine plurale Vielfalt von Bildungs- und Entwicklungsmöglichkeiten zugunsten eines beherrschenden Bildungskonzepts aufzuheben. Wir haben bereits noch in den Anfängen dieser Entwicklung auf eine hier im Prinzip angelegte Affinität der konträr erscheinenden Richtungen des sog. Positivismus und der sog. Kritischen Theorie hingewiesen.[40]) Beide innerhalb der gegenwärtigen Wissenschaft insgesamt wortführenden Richtungen lieferten sich damals unter der Devise des Positivismusstreits eine erbitterte Auseinandersetzung, die bis zur Stunde noch nachwirkt.[41])

Das mündige Individuum zu schützen und zu fördern gegen technokratische Verfügung seitens der Kybernetiker und Behavioristen gibt Herwig Blankertz als leitenden Gesichtspunkt seiner bildungstheoretischen Bemühungen zu erkennen. So fordert er „... Bildungsreform als Revision des Curriculums muß ... anders ansetzen, kann sich der Taxonomie wohl bedienen, kann sie aber nicht als Grundlage wählen“.[42]) Für die angeblich grundlegende Zielgebung verweist Blankertz auf die Ebene „intentionalen Handelns, wie es für kulturelle Interaktion spezifisch ist“.[43]) Er gibt m.a.W. vor, übergreifende Kulturziele als Grundlage zu wählen und sich der Taxonomie „nur“ als Instrument zu bedienen.

Blankertz bejaht damit die Theorie der Verhaltenspsychologie als pädagogische Technik zugunsten anderswo entlehnter Zielvorstellungen. Gemeint ist, wie es in dem von ihm herausgegebenen Band „Curriculumforschung“ von einem seiner Schüler formuliert wird „... eine *Totalität* dieser Techniken ..., die sich als System, als Zweckzusammenhang darstellt“.[44]) Wenn aber die Summe der Techniken im Sinne eines bestimmten Endzwecks als *System* funktionieren soll, muß dieser Endzweck – woher er auch immer entlehnt sein mag – als Endverhalten eindeutig definiert sein.

Endzweck bzw. Endverhalten müßte im Sinne der Blankertz'schen Theorieauffassung politisch definiert werden. Bei genauerem Hinsehen erkennt man in dem von ihm vertretenen Denken, was im einzelnen noch zu zeigen ist, die offenkundige Affinität zu einem der Selbstbestimmung des Individuums vorgreifenden Kalkül. Um die hier anstehende Problematik vorausschauend zu umreißen sei hier nur zitiert, worauf in der bereits aufgeführten Abhandlung in anderem Zusammenhang hingewiesen wurde: „Als gesellschaftlich-praktische Konsequenz wird das Idol einer regulierbaren, reibungsfrei ablaufenden Gesellschaftspraxis transparent. Ihr streben szientistisch wie marxistisch orientierte Richtungen in dem Maß zu, als sie zugunsten einer störungsfreien Gesellschaft konkurrierende Auffassungen auszuschalten suchen. Eine entsprechende wissenschaftliche Praxis, wie sie... zur vorherrschenden zu werden droht oder schon geworden ist, zeitigt als ihr gesellschaftsrelevantes Ergebnis den Techniker, der im Sinn von entsprechender Wissenschaft oder Ideologie ein lückenloses Funktionieren derartiger Theorie in der Praxis gewährleistet. Wenn in diesem Zusammenhang die ‚Entfaltung' des einzelnen Menschen und der Gesellschaft propagiert wird, so muß gefragt werden, was dann noch zu entfalten übrig bleibt, außer besagter Funktionstüchtigkeit und allenfalls einer durch rationale Schulung entwickelten Fähigkeit, im Rahmen derartiger Ideologie die gegenwärtige oder zukünftige Gesellschaft als funktionalen Zusammenhang zu reflektieren und zu bestätigen".[45])

Einer solchen Verplanung, zumal wenn sie mit Begriffen wie Freiheit und Autonomie operiert, muß entgegen gehalten werden: Diese Begriffe entziehen sich einer solch eindeutigen Definition, wie sie die empirisch-analytischen Wissenschaften in ihrem Bereich zu Recht fordern. Blankertz hingegen besteht auf einer eindeutigen Festlegung, wenn er im Vorwort der zuletzt zitierten Schrift programmatisch ankündigt: „Zum ersten Mal in der Geschichte des Schulwesens sollen Innovationen wissenschaftlich bis ins einzelne geplant, sollen schulorganisatorische Änderungen unter Berücksichtigung aller Bedingungsfaktoren und Nebenwirkungen berechnet, sollen neue Unterrichtsgebiete durch vorgängige Theorie, gesichert durch Experiment und Erfolgskontrolle, eingeführt werden".[46]) Blankertz möchte also die ihm vorschwebenden obersten Lernziele so festgelegt sehen, daß ihre Erreichung durch „Experiment und Erfolgskontrolle" gewährleistet werden kann. Das aber ist nicht möglich, ohne zugleich solche letzten Ziele wie Freiheit und Selbstbestimmung ad absurdum zu führen.

Als Verfahren, entsprechende oberste Ziele exakt zu bestimmen, nennt Blankertz im Anschluß an Habermas den „gesellschaftlichen Konsens". Dann bleibt aber die Frage offen, mit welchen (wissenschaftlichen oder politischen) Methoden ein solcher Konsens so zu erzielen ist, daß Eindeutigkeit zustande kommt. Die Bemühungen innerhalb unserer gegenwärtigen wissenschaftlichen und demokratischen Institutionen, die durch plurale Vielfalt gekennzeichnet sind, zeigen ebenso wie die philosophischen Bemühungen seit Jahrhunderten, daß Eindeutigkeit im Sinne handlicher Definitionen hier nicht möglich ist.

Das Ziel menschlichen Daseins entzieht sich offensichtlich einer bis ins einzelne gehenden Festlegung. Humanität als ursprüngliche Aufgabe der Paidaia dürfte als wesentlichen Grundzug die Offenheit menschlicher Selbstbestimmung enthalten, die keinen Vorgriff duldet. Die eindeutige Festlegung einer letzten Zielbestimmung wäre eine Mißachtung der menschlichen Person, der zugestanden werden muß, sich ihrer jeweiligen Eigenart entsprechend zu entfalten. Die Eindeutigkeit einer Zielbestimmung kann nur durch einseitige Festlegung bestimmter Verhaltensweisen erreicht werden. Damit aber würde der Vielfalt der Entwicklungs- und Bildungsmöglichkeiten der Garaus gemacht.

Wir sind nun an dem wohl zentralsten Gesichtspunkt curricularer Lernzieldiskussion angelangt: der *Kontrolle.* Dieser Begriff war von Anfang an für die Lernzielbestimmung maßgebend. Auf der untersten Ebene geht es um die exakte Kontrolle des jeweiligen Unterrichtserfolgs. Sie ist in mathematisch-naturwissenschaftlichen Fächern sachlich begründet. Sie mag im übrigen in anderen Fächern, wie Deutsch, Geschichte und Religion, im Rahmen einer Unterrichtseinheit noch harmlos erscheinen. Schwerwiegend aber wird es, wenn das Bewußtsein um sich greift, daß der Bildungsvorgang insgesamt gesehen eindeutiger Kontrolle zugänglich ist, wie es die Konzeption der neuen Curricula will. „Operationale Formulierung von Lernzielen und die Erarbeitung von Methoden zur Kontrolle, Messung und Vergleich des Lernerfolgs" – wobei offensichtlich an eine „lückenlose Kontrolle"[47]) gedacht wird –, so möchte es auch Blankertz.[48]) Damit stellen sich er und alle, die dieses Ziel anstreben – ungeachtet gegenteiliger Beteuerungen – in den Funktionskreis *instrumentalen* Denkens. Dieser ist nach Habermas damit gekennzeichnet, daß er auf Sicherung und Erweiterung erfolgskontrollierten Handelns abzielt[49]) und Emanzipation im Sinne der Selbstentfaltung ausschließt.

Eine Bildungskonzeption, die unter dem Gesichtspunkt der Erfolgskontrolle steht, ist gerade dann in besonderer Weise bedrohlich, wenn sie, wie die hier behandelte, tradierte Bildungswerte als kulturpolitische Forderungen in ihr Konzept einbeziehen. In diesem Falle verbindet sich nämlich mit einer für sich genommen beschränkt erscheinenden technokratischen Methodik und Planung ein Anspruch, der auch noch den Gegner technologischer Rationalität vereinnahmt. „Eine wissenschaftliche Pädagogik", die, wie es Blankertz fordert, „den informationstheoretischen (und behavioristischen) Ansatz als wichtigen Bestandteil" ihrer Systematik ansieht und gleichzeitig „den ganzen Bereich ihrer traditionellen Aufgaben bewahren" will[50]), stellt einen monströsen Anspruch dar. Hier wird nicht zu Vereinbarendes in einen Topf geworfen. Es handelt sich hier entweder um eine Leerformel oder um ein Konzept totalitärer Vereinnahmung.

Als Ergebnis dieser Untersuchung von Lernzielen und „Curriculumstrategie" hat sich gezeigt, daß man nicht gleichzeitig sowohl Eindeutigkeit und operationale Verfügbarkeit als auch eine umfassende Zielgebung haben kann.

Die Verkürzung aller Lernschritte auf die Rationalität eines Computers, der nur Ja/Nein-Entscheidungen fällen kann, bedeutet Verzicht auf die volle Bandbreite menschlicher Vernunft. Diese läßt sich, wenn sie unverkürzt zur Geltung kommen soll, nicht auf die Formel richtig/falsch bringen. „Richtige" und „falsche" Antworten gibt es nur innerhalb begrenzter Bereiche: beispielsweise im Rahmen mathematisch/naturwissenschaftlicher, grammatikalischer oder anderer Regeln. Bei einem umfassenden Bildungsanspruch kann nach einem solchen Schema nur dann verfahren werden, wenn diese Bildung zuvor ideologisch fixiert worden ist. Begriffe wie Mündigkeit, Freiheit und Vernunft behalten nur dann noch ihre unverzichtbare Bedeutung für die Humanität, wenn sie gegen alle verkürzenden Verplanungen offengehalten werden und dem einzelnen Menschen sein eigenes, unverfügbares Denken und Handeln zugestehen.

Die zugrundeliegende Wissenschaftstheorie

Von den dargestellten Positionen und Problemen der Erziehungswissenschaft gehen wir zurück auf zugrundeliegende wissenschaftstheoretische Begründung. Erst solche Begründung läßt Möglichkeit und Begrenzung der vertretenen Positionen voll erkennen. Es geht hier darum, Prinzipien der Wissenschaft zu durchschauen, um wissenschaftliche Ergebnisse als deren Folgeerscheinungen begreifen zu können.

Als grundlegendes Prinzip der empirischen Wissenschaft erscheint der Gesichtspunkt, nutzbare Erkenntnis zu gewinnen, d. h. solche, die es ermöglicht, in Zukunft auftretende „Fälle" einem bereits erkannten Zusammenhang einzuordnen. Der Einblick in entsprechende allgemeine Zusammenhänge aber ermöglicht es, planend und lenkend in ein Geschehen eingreifen zu können. Es ist dann m. a. W. möglich, bestimmte Bedingungen herzustellen, um ein ins Auge gefaßtes Ergebnis zu erzielen.

Die hier behandelten maßgebenden erziehungswissenschaftlichen Richtungen legen entweder empirische Wissenschaftsmethoden zugrunde oder bedienen sich ihrer zumindest mittelbar, um in Erziehungs- und Lernprozessen zuverlässig bestimmte Ergebnisse zu erzielen. Insofern gründet ihre Methode in dem Prinzip einer Beobachtung zum Zwecke der Vorausbestimmung, das Auguste Comte auf die klassische Formel „voir pour prévoir (pour prévenir)" gebracht hat.[51)]

Jede Art von Beobachtung, die Einblick in die Wirklichkeit nimmt, enthält u. a. diesen auf Zukunft gerichteten Aspekt: Das was hier und jetzt erfahren wurde, hat als „Erfahrung" eine Bedeutung für die Zukunft. Lebenserfahrung in diesem Sinne befähigt dazu, Zukünftigem nicht mehr unvorbereitet gegenüber zu stehen. Allgemeine Lebenserfahrung ist indessen nicht nur darauf ausgerichtet, zukünftige Vorgänge zu beeinflussen, sie bezieht sich auch auf Einblicke, die in diesem Sinne nicht verwertbar sind.

Der Begriff von Erfahrung, wie ihn die an die Naturwissenschaft angelehnte empirisch-analytische Wissenschaft zugrundelegt, beruht demgegenüber auf Selektion: Alle Erfahrungsmomente werden ausgeschieden, die dazu untauglich sind, zukünftige Vorgänge zu beeinflussen. Das bedeutet, die Beobachtung einzuengen auf die Feststellung kausaler Faktoren und damit Erkenntnis zu reduzieren auf eine entsprechende Erklärung. Im Besitz einer kausalen Erklärung bin ich in der Lage, zukünftig ablaufende Prozesse voraus berechnen zu können. Ausgangspunkt solcher Art von Erfahrung ist das Experiment, in dem bestimmte Anfangsbedingungen festgelegt werden, um ein von diesen her erklärbares Ergebnis erzielen zu können. Eine so gewonnene Erklärung ist nichts weiter als die Feststellung von Regelmäßigkeiten in der Beziehung von bestimmten Ausgangsbedingungen und zugehörigen Folgen. Die Reichweite solcher Empirie ist infolgedessen begrenzt auf den Bereich gleichförmiger Prozesse; denn nur die totale Gleichförmigkeit der Untersuchungsgegenstände läßt eine Regel bzw. Gesetzmäßigkeit als zwingend erscheinen.

Welcher Art sind nun diese Ausgangsbedingungen? Sie müssen, um im angedeuteten Sinne wissenschaftlich verwertbar zu sein, eindeutig sein. Die Wirklichkeit als umfassender Erfahrungsgegenstand ist aber nicht auf einen Nenner zu bringen Ein „Haus" beispielsweise wird auf verschiedenen Ebenen in immer wechselnden Nuancen erfahren. Als dieser identische Gegenstand erscheint es, unendlich variiert, in einer Kette unabschließbarer Erfahrungen, und zwar als Gebrauchsding, als Ort des „Zuhauseseins", als poetischer Gegenstand in einem Gedicht oder auf dem Bild eines Malers. Ein „Mensch" ist noch weniger faßbar. Was ein Haus ist in eindeutigem Sinn festzulegen, heißt, eine Formel zu finden, die auf eine einzige Art von Erfahrung festgelegt ist, die von jedem unterschiedslos jederzeit gemacht werden kann.

Um wissenschaftliche Ergebnisse erzielen zu können, die Voraussagen ermöglichen, muß also die Erfahrungsbasis eingeschränkt werden. Was im Sinne empirischer Wissenschaft als Erfahrungswirklichkeit gilt, ist eine gegen den ursprünglichen Reichtum unmittelbarer Erfahrung abgeschattete Wirklichkeit. Man erreicht dabei ein Maximum an Genauigkeit des Gegenstands, wenn die zugehörige Erfahrung auf ein Minimum reduziert wird. Diese Abschattung der Wirklichkeit bzw. die Reduzierung der Erfahrung folgt dem seitens der Wissenschaft zugrundegelegten Prinzip: Wahr ist, was regelmäßige Prognosen ermöglicht. Dieses Prinzip aber ist eine Festsetzung und nicht selbst aus der Erfahrung abgeleitet. Wenn man Wahrheit relativ zu entsprechender Erfahrung versteht, muß konstatiert werden, daß mit der hier eingeschränkten ursprünglichen Erfahrung eine Einschränkung dessen einhergeht, was man bislang unter Wahrheit verstanden hat.

Das genannte Prinzip: Wahr ist, was regelmäßige Prognosen ermöglicht, wirkt sich bei seiner Anwendung im pädagogischen Bereich folgenschwer aus. Das was ein Kind ist und als solches an pädagogischen Maßnahmen erfordert, wird damit reduziert auf Gesetzmäßigkeiten, also auf etwas, das bei allen Kindern im Prinzip gleich und beliebig wiederholbar ist. Der empirisch-analytische Wissenschaftsbegriff schließt es prinzipiell aus, seitens eines Kindes mit spontanen Lebensäußerungen zu rechnen. Er kennt nur Abweichungen von gesetzmäßigen Verhaltensweisen, die lediglich eine Korrektur bislang geltender Gesetzmäßigkeit erforderlich machen.

Das genannte Prinzip gibt aber erst den Rahmen ab, innerhalb dessen im konkreten Forschungsfall eine Ausgangsbasis näher definiert wird. Für die nähere Definition des Ausgangspunkts empirisch-wissenschaftlicher Untersuchungen hat Karl R. Popper die Bezeichnung „Basissatz" eingeführt. Dabei handelt es sich um Sätze, über deren Anerkennung man sich einigt: „Die Basissätze werden durch Beschluß, durch Konvention anerkannt, sie sind Festsetzungen."[52] „Jede Nachprüfung einer Theorie, gleichgültig, ob sie als deren Bewährung oder als Falsifikation ausfällt, muß bei irgendwelchen Basissätzen halt machen, die *anerkannt* werden. Kommt es nicht zu einer Anerkennung von Basissätzen, so hat die Überprüfung überhaupt kein Ergebnis".[53]

Damit wendet sich Popper gegen eine bis dahin geltende, von Carnap begründete Auffassung, sog. Protokollsätze als letzte Grundlage anzusehen. Protokollsätze formulieren eine subjektive Erfahrung. Popper sieht deutlich, daß solche Erfahrung für eine empirisch begründete wissenschaftliche Theorie viel zu unbestimmt ist: „Die Aufgabe: ‚Protokolliere, was du eben erlebst!' ist nicht eindeutig (soll ich protokollieren, daß ich eben schreibe, daß ich eine Glocke, einen Zeitungsausrufer und einen Lautsprecher höhre – oder daß ich mich darüber ärgere?); aber selbst wenn sie lösbar wäre: auch eine noch so reiche Sammlung solcher Sätze würde nie zu einer *Wissenschaft* führen".[54]

Es hat sich hier mit letzter Deutlichkeit gezeigt, daß eine empirisch begründete Theorie nicht einfach mit „Erfahrung" gleichgesetzt werden kann. Sie enthält vielmehr in erheblichem Maße konstruktive Elemente, die eine ursprüngliche Erfahrung überfremden. Diese konstruktiven Elemente werden nach Maßgabe einer projektierten Theorie entworfen. In die Reihe solcher Projekte gehört beispielsweise eine Theorie, die davon ausgeht, menschliches Verhalten als Funktion der Umwelt zu begreifen. Diese Theorie registriert von vornherein nur diejenigen „beobachtbaren" Vorgänge, die auf solche Entsprechung hinweisen. Eine Vielzahl derartiger Beobachtungen gilt als Bestätigung dieser Theorie. Dabei werden Vorgänge, die mit ihr nicht erklärt werden können, als noch näher zu erforschende, einer späteren „Erfassung" vorbehalten.

Diese Theorie wird zur Ideologie, wo sie vorgibt, *die* Wirklichkeit wiederzugeben. Es ist das Verdienst Poppers, eines ebenso überzeugten wie kritischen Vertreters der hier besprochenen Wissenschaft, auf diese Gefahr hingewiesen zu haben. „So ist die empirische Basis der objektiven Wissenschaft nichts ‚Absolutes'; die Wissenschaft baut nicht auf Felsengrund. Es ist eher ein Sumpfland, über dem sich die kühne Konstruktion ihrer Theorien erhebt; sie ist ein

Pfeilerbau, dessen Pfeiler sich von oben her in den Sumpf senken – aber nicht bis zu einem natürlichen, ‚gegebenen' Grund. Denn nicht deshalb hört man auf, die Pfeiler tiefer hineinzutreiben, weil man auf eine feste Schicht gestoßen ist: wenn man hofft, daß sie das Gebäude tragen werden, beschließt man, sich vorläufig mit der Festigkeit der Pfeiler zu begnügen".[55)]

Die Frage nach der Begründung des hier untersuchten wissenschaftlichen Verfahrens stellt sich auch als Sprachproblem; denn es geht um Möglichkeiten und Grenzen eindeutiger Definitionen. Es wurde bereits festgestellt, daß die hier untersuchte Wissenschaft nur in dem Maße ihrem oben genannten Anspruch gerecht zu werden vermag, als es ihr gelingt, Eindeutigkeit zu erreichen. Die Begriffe der Umgangssprache aber sind vieldeutig. Wie der Begriff Mensch und menschliches Verhalten müssen auch Tätigkeiten wie Lehren und Lernen, Erziehen und Erzogenwerden exakt definiert werden, um für empirische Verfahren tauglich zu sein.

Als Ideal erscheint daher die „Sprache" mathematischer Zeichen, deren sich die sog. exakten Wissenschaften seit jeher bedienen. Ihnen sich anzugleichen, um entsprechende „Erfolge" zu erzielen, versuchen daher im zunehmenden Maße auch die Theoretiker der Erziehungswissenschaft. Das zeigt sich nicht zuletzt in dem rapide zunehmenden Umfang von Tabellen und Formeln in erziehungswissenschaftlichen Untersuchungen.

Es erhebt sich hier die Frage, ob Erziehungsvorgänge damit verständlicher werden. Zugleich aber muß bezweifelt werden, ob es denen, die solche Formeln erarbeiten, überhaupt darum geht, Kinder und Erziehungsvorgänge besser zu verstehen. Man wird vielmehr davon ausgehen müssen, daß das Verständnis dieser in Formeln gefaßten Theorien damit erreicht ist, daß man mit ihnen operieren kann. Dem Techniker genügt es, Formeln erfolgreich anzuwenden. Es liegt nahe anzunehmen, daß sich die Erziehungswissenschaftler, die mit Formeln und Tabellen operieren, auch nur noch als Techniker verstehen. Aufschlußreich ist in diesem Zusammenhang die Feststellung Werner Heisenbergs, daß selbst für den Physiker ein wirkliches Verstehen naturwissenschaftlicher Vorgänge nur auf dem Wege über die natürliche Sprache erfolgen kann: Die Möglichkeit einer Beschreibung in der gewöhnlichen Sprache sei ein Kriterium für den Grad des Verständnisses, das in dem betreffenden Gebiet erreicht worden ist.[56)] In wieviel höherem Maße muß das für den Bereich der Humanwissenschaften gelten!

Was ist hier mit „Verständnis" gemeint? Offensichtlich das Erfassen eines Zusammenhangs zwischen wissenschaftlichen Definitionen und einer nicht auf Physik beschränkten Erkenntnis der Wirklichkeit im ganzen – im Gegensatz zu einem Spezialwissen, das die Übereinstimmung von Formeln mit zugehörigen Prozessen konstatiert. Erst im Medium der natürlichen Sprache wird die Gesamtwirklichkeit annäherungsweise transparent und der Sinn der physikalischen

Formelsprache erfaßbar. Die natürliche Sprache unterscheidet sich darin von der nur für Spezialisten verständlichen Fachsprache, daß sie universale Bezüge mit einbezieht, d. h. sich nicht eingrenzt auf Teilbereiche.

Bereits die Rede von sog. „Lernprozessen“ und erst recht die Fachsprache, in der sie bestimmt werden, deutet darauf hin, daß die geistige Entwicklung von Menschen aus der Ganzheit konkreten menschlichen Lebens isoliert wird. Sie wird nicht mehr als ein individuelles, aller Meßbarkeit sich entziehendes Geschehen aufgefaßt, sondern als gleichförmiger Vorgang analog einem physikalischen Ablauf. Wenn in der normalen Sprache vom Kind und seinem Lernen gesprochen wird, so ist stets eine nichtverrechenbare Individualität mit gemeint. Damit sind die Lern- und Erziehungsvorgänge offen gehalten gegen den verfügenden Eingriff einer möglicherweise sich verabsolutierenden Methodik, welche die Handhabung exakter Definitionen mit dem Preis des „Nicht-mehr-verstehens“ bezahlt.

Daß eine wissenschaftliche Theoriebildung unter dem Diktat der Eindeutigkeit sich auf einer anderen Ebene als der des „Verstehens“ abspielt, kann auch aus einer Überlegung Friedrich von Weizsäckers abgeleitet werden. Weizsäcker hat gezeigt, daß jeder Versuch, einen Teil der Sprache eindeutig zu machen, schon den Gebrauch der natürlichen Sprache voraussetzt.[57)] Was soll damit gesagt werden? Zunächst, daß der Mensch, bevor er als Wissenschaftler eine künstlich hergestellte Fachsprache erlernt, sich immer schon in der natürlichen Sprache, seiner sog. Muttersprache bewegt. Die Fachsprache hat insofern ihr Verständnisfundament in dieser immer schon vorausgegangenen Verständigungsbasis. Ein eindeutiges Verständnis mittels der Fachsprache wäre darum nur insoweit möglich, als diese Fachsprache mittels der vorgegebenen natürlichen Sprache zugleich eindeutig und verständlich gemacht werden kann. Dieser Versuch ist prinzipiell zum Scheitern verurteilt, da er voraussetzen müßte, daß die natürliche Sprache schon eindeutig ist: das, womit das Eindeutige definiert werden soll, müßte selber eindeutig sein.

Eindeutigkeit einer wissenschaftlichen Formelsprache kann mithin nicht im Rahmen des *„Verständnisses“* geschaffen werden, das notwendigerweise auf dem Weg über die natürliche Sprache erfolgen müßte. Sie kann nur zum Zwecke bestimmter technischer Operationen *konstruiert* werden. Die Kybernetik versucht, die natürliche Sprache in eindeutige Information aufzulösen, entsprechend der Eindeutigkeit mathematischer Symbole. Wenn sie dabei eine eindeutige Formelsprache anstrebt, die nicht nur handhabbare Operationen sondern zugleich auch ein besseres Verständnis der Wirklichkeit anstrebt, gerät sie, wie Weizäcker gezeigt hat, in einen unvermeidlichen Zirkel: „Er ist, so viel ich sehe, charakteristisch für alles exakte Denken. . . . Die ganz in Information verwandelte Sprache ist die gehärtete Spitze einer nicht gehärteten Masse. Daß es Sprache als Information gibt, darf niemand vergessen, der über Sprache redet. Daß Sprache als Information uns nur möglich ist auf dem Hintergrund einer Sprache, die nicht in eindeutige Information verwandelt ist, darf niemand vergessen, der über Information redet."[58)]

Eine Erziehungswissenschaft, die sich dazu entschlossen hat, auf der Basis der hier durchleuchteten Wissenschaftstheorie in Kalkülen zu denken, einzig bestrebt, den Raum des Machbaren abzustecken und ständig zu erweitern, kann nicht mehr nach dem Verantwortbaren und nicht mehr Verantwortbaren fragen; denn sie weiß nichts mehr von einer Erziehungspraxis, die aus dem Umgang und der direkten Erfahrung mit Kindern ein Verständnis dieser Kinder und eine ihnen angemessene Auffassung von Erziehung zu gewinnen sucht. Da sie Vernunft mit rechnendem Kalkül gleichsetzt, liegt ein solches Verständnis außerhalb ihres Horizonts. –

Wir wenden uns nun dem gemeinsamen Fundament derjenigen Strömungen in der Erziehungswissenschaft zu, die unter der zusammenfassenden Bezeichnung einer emanzipativen Pädagogik auftreten. Dabei zeigt sich zunächst eine grundlegende Differenz zwischen dieser und der empirisch-analytischen Richtung. In einer abschließenden Gegenüberstellung wird indessen – auch vom wissenschaftstheoretischen Ansatz her – eine Affinität der beiden Richtungen deutlich, die sich im Bereich der Bildungsplanung bereits angekündigt hatte. Man muß dann allerdings einmal absehen von den Frontstellungen, die, indem sie das Gegensätzliche überbetonen, tiefere Gemeinsamkeiten verbergen.

Die Richtung emanzipativer Pädagogik basiert auf der sog. dialektischen Methode. Deren Prinzipien bedürfen einer näheren Klärung. Will man Aufschluß gewinnen über Ziel und Grenzen dieser Methode, genügt nicht der Hinweis auf das gängige dialektische Schema These/Antithese/Synthese.

Auf die einfachste Formel gebracht, kann man sagen: Dialektisch gesehen erscheint das einzelne, das erkannt werden soll, immer als Faktor eines Prozesses, in dessen Verlauf es durch seine Beziehung zu anderen Faktoren bestimmt wird. Die empirische Erkenntnis begreift den Gegenstand ebenfalls in einem Prozeß, nämlich dem von Ursache und Wirkung. Ein Gegenstand oder ein Vorgang gilt ihr als begriffen, wenn er im Hinblick auf Ursache und Wirkung bestimmt ist und die zugehörigen Gesetze formuliert werden können. Sie begnügt sich jeweils damit, einen bestimmten Fall, beispielsweise das Eintreten eines Lernerfolgs, entsprechend zu definieren. Demgegenüber geht dialektische Methode davon aus, daß ein bestimmter Fall erst dann erkannt ist, wenn die Wirklichkeit als ganzes erkannt worden ist. Erkenntnis heißt hier: Die Bestimmung des jeweils konkreten Einzelfalles innerhalb eines Gesamtzusammenhangs der Wirklichkeit. Dieser Gesamtzusammenhang ist mehr als nur die Summe kausaler Faktoren. Er umfaßt die gewordene Realität einschließlich ihres Endzwecks, von dem her das einzelne im Rahmen einer Sinngebung begründet wird. Der Prozeß, um den es geht, wird also ebenso von seinem Anfang wie seinem Ziel oder Zweck her bestimmt.

Das sei zunächst im Anschluß an Hegel erläutert. Nach Hegel ist die Gesamtheit, innerhalb deren gewisse Ereignisse näher zu bestimmen sind, der Geschichtsverlauf als ganzes, also die Weltgeschichte. Erst die Übersicht über die Gesamtheit der Weltgeschichte einschließlich ihres Endzwecks ermöglicht eine Erkenntnis einzelner Ereignisse und deren Beziehungen untereinander. Dabei geht es um „einen allgemeinen Gedanken, der sich durch das Ganze hindurchzieht", oder – wie Hegel es im Titel seiner Schrift formuliert – um „die Vernunft in der Geschichte".[59] „Vernünftig" aber erscheint diese Geschichte im Hinblick auf einen letzten Zweck, der erreicht werden soll. „Wir müssen in der Geschichte einen allgemeinen Zweck aufsuchen, den Eindzweck der Welt, nicht einen besonderen des subjektiven Geistes oder des Gemüts, ihn müssen wir durch die Vernunft erfassen, die keinen besonderen endlichen Zweck zu ihrem Interesse machen kann, sondern nur den absoluten".[60] Die Vernunft in der Geschichte, die Hegel zu entdecken vorgibt, erscheint also als „absolute" Vernunft, nicht als die besondere oder eingeschränkte eines einzelnen Subjekts. Der Geschichtsverlauf wird durch Gegensätze provoziert, die in einer vernünftigen „Versöhnung" ihren Ausgleich finden. Insofern ist die Geschichte dialektisch, wie es das Schema These/Antithese/Synthese andeutet. Um Erkenntnis dessen, was geschieht, handelt es sich aber erst dann, wenn aufgezeigt werden kann, daß der Gang der Ereignisse ein notwendiger ist, d.h. wenn alle Einzelereignisse in einen angeblich zwingenden Zusammenhang eingeordnet werden können.

Karl Marx hat das dialektische Erkenntnismodell von Hegel übernommen und im Anschluß an bestimmte geschichtliche Vorgänge näher konkretisiert. In dieser Konkretion wurde dieses Erkenntnismodell u.a. für die emanzipative Pädagogik maßgebend. Danach ist es der Widerspruch zwischen Produktionskräften und vorhandenen Produktionsverhältnissen, d.h. zwischen Arbeitskraft und Eigentum, der den Geschichtsverlauf bestimmt und zu einer in der Zukunft zu verwirklichenden Synthese führt. Der Anspruch, die Weltgeschichte als Gesamtheit des Geschichtsverlaufs in ihrem Prinzip erkannt zu haben, wird beibehalten. Im Besitz der Prinzipien des zukünftigen Geschichtsverlaufs aber sehen sich Marx und seine Schüler in der Lage, den Gang der Ereignisse einer Planung zu unterwerfen. Diese Planung soll den Geschichtsablauf im Sinne des zugrundeliegenden Konzepts beschleunigen. Hierbei handelt es sich zugleich um den Übergang von der Geschichtsbetrachtung zur politischen Aktion, in der der Mensch als Herr der Zukunft proklamiert wird. Dieser Anspruch findet seinen pointierten Ausdruck in der bekannten Feuerbachthese, daß es darauf ankomme, die Welt zu verändern, nicht nur sie zu interpretieren. Im Unterschied zu Karl Marx, der die Prinzipien des Weltverlaufs aus der Geschichte begründete, glaubte Friedrich Engels, die gleiche Gesetzmäßigkeit aus der Naturwissenschaft entwickeln zu können.

Damit stehen wir vor der grundsätzlichen Frage, aufgrund wessen sich die hier genannten Denker zu dem Anspruch auf eine umfassende Erkenntnis der Wirklichkeit legitimiert sehen. – Von der absoluten Vernunft in der Weltgeschichte, die Hegel als ihm zugänglich ansah, sagt er in dem eben dargestellten Zusammenhang: es handle sich um „eine Wahrheit, die wir voraussetzen; ihr Beweis ist die Abhandlung der Weltgeschichte selbst"[61] Es wird also eine Hypothese zugrundegelegt und die Geschichte so betrachtet, daß man diese Hypothese in ihr bestätigt finden kann. Hegel sieht sich in diesem Sinne bestätigt, wenn er für sich eine „Übersicht des Ganzen" in Anspruch nimmt, und zwar als „Resultat ..., das mir bekannt ist".[62]

Fast gleichlautend spricht Marx von „einem Resultat, das sich mir ergab und einmal gewonnen meinen Studien zum Leitfaden diente".[63] Anders als Hegel, der eine Hypothese als zunächst zugrundeliegend anführt, beruft sich Marx ausschließlich auf seine „politisch-ökonomischen Studien". Es handelt sich dabei um ein jahrelanges geschichtliches Quellenstudium in Paris und später in London, auf das er ausdrücklich im einzelnen verweist: „Diese Skizze über den Gang meiner Studien im Gebiet der politischen Ökonomie soll nur beweisen, daß meine Ansichten... das Ergebnis gewissenhafter und langjähriger Forschung sind".[64]

Als Ergebnis seiner Forschung zeigen sich ihm, wie schon angedeutet, materielle Verhältnisse als Ursprung und Motor der geschichtlichen Entwicklung. Dadurch gewinnt nun insbesondere das empirische Moment gegenüber dem philosophischen einen gewissen Vorrang in der Forschung, und zwar in zweierlei Hinsicht: einmal insofern diese „materielle Basis" immer zunächst auf ihre Beschaffenheit hin analysiert werden muß, bevor weiterreichende Überlegungen folgen. Zum zweiten, weil eine Veränderung dieser Basis den angeblich empirisch ermittelten Gesetzmäßigkeiten folgen muß. Inwieweit es sich hierbei in der Tat um unumstößliche empirisch-wissenschaftliche Ergebnisse handelt, bleibe dahingestellt. Es genügt hier festzuhalten, daß eine solche Überzeugung zugrundeliegt. Sie wird von Marx unmißverständlich bekundet, wenn er ausdrücklich von „der materiellen naturwissenschaftlich treu zu konstatierenden Umwälzung in den ökonomischen Produktionsbedingungen" spricht.[65] –

Von diesem Ansatz her gesehen erscheint die Affinität von empirisch-analytischer und dialektischer Methode, wie sie innerhalb der Erziehungswissenschaft zu beobachten ist, verständlich. Beide Richtungen bewegen sich ausschließlich im Umkreis des Machbaren und Planbaren. Sie sind beide nicht bereit, auch ein Unverfügbares als Wirklichkeit gelten zu lassen. Ihre Differenz liegt lediglich in der Dimension, in der verfügt wird. Die dialektische Richtung verfügt im Namen eines Planungsentwurfs von Freiheit und Emanzipation. Für die rein empirische Richtung dagegen ist verfügende Technik Selbstzweck. Die dialektische Richtung hat einen totalitären Anspruch, wenn sie die Wirklichkeit in ihrer Gesamtheit, d.h. die äußeren Verhältnisse einschließlich der Selbstverwirklichung – hier „Emanzipation" genannt – in rationaler Einsicht und Verplanung glaubt verfügbar zu haben. Der Anspruch auf eine Planung, die einen letzten Endzweck im Sinne der Selbstverwirklichung des Menschen mit allen Gegebenheiten, unter denen er lebt, in einem System zu verbinden sucht, dürfte das Gegenteil wirklicher Emanzipation bedeuten: Wenn ein derartiges System für sich beansprucht, die höchste Verwirklichung der Vernunft zu sein – darin dürfte ein Hegel'sch Erbe zu erblicken sein –, so muß die tatsächliche Unterwerfung aller Menschen unter dieses System gerade als Verwirklichung der Freiheit gelten. –

Es ist verständlich, daß die Erziehungswissenschaft auf der Grundlage der hier aufgezeigten Theoriebegriffe das Kind in seiner allem Zugriff entzogenen Ursprünglichkeit und darin begründeten Unverwechselbarkeit nicht mehr zu begreifen vermag. Diese Beschränktheit einer Theorie wäre, für sich genommen, kein Grund zur Beunruhigung. Sie ist aber folgenreich, wenn es sich um die Konzeption der Erziehung handelt, die diese Wissenschaft entwirft. In diesem Falle besteht die Gefahr, daß das Kind in dem Bereich, der sich dieser Theorie entzieht, nicht gefördert wird, wenn nicht gar verkümmert. Das aber hätte umso verheerendere Folgen, soweit dieser übersehene Bereich von zentraler Bedeutung für seine Selbstfindung ist. In dem im folgenden entwickelten Praxisverständnis und der ihm zugehörigen Erfahrung geht es in erster Linie darum, diesen zentralen Bereich im Leben eines Kindes zu erkunden und zu fördern.

Die der Wissenschaft vorausliegende Lebens- und Erziehungspraxis

Dringlichkeit eines neuen Praxisbegriffs

Die Umbenennung der Pädagogik in Erziehungswissenschaft hat sich in den letzten Jahren allgemein durchgesetzt. Es handelt sich dabei nicht nur um eine Namensänderung. Diese Umbenennung deutet zugleich auf eine Tendenz hin, die mit Verwissenschaftlichung umschrieben werden kann. Nachdem ein Lebensbereich nach dem anderen dem wissenschaftlichen Zugriff zugänglich gemacht worden ist – zuerst die Naturvorgänge anorganischer, dann organischer Art in der Naturwissenschaft, zuletzt seelische Vorgänge in der Psychologie und gesellschaftliche Prozesse in der Soziologie – ist nun auch der Bereich der Erziehung dabei, zu einer Spezialwissenschaft zu werden. Die in den genannten Disziplinen angewandten Methoden werden dabei im wesentlichen übernommen: Empiriker und Dialektiker machen sich, wie hier gezeigt wurde, den Rang streitig oder arbeiten einander in die Hände.

Diesen Vorgang der Verwissenschaftlichung galt es sich zunächst klar zu machen, um das in diesem Buch vertretene Anliegen verdeutlichen zu können. Es handelt sich dabei, wie wir im Bereich der Erziehungswissenschaft festgestellt haben, darum, etwas bislang noch vorausberechenbarer Planung Entzogenes, kalkulierbar und damit verfügbar zu machen. So wie über Naturvorgänge im Bereich naturwissenschaftlicher Technik, so soll auch über Erziehungs- und Lernvorgänge mittels eines methodischen Instrumentariums zielsicher verfügt werden.

Die Auswirkungen eines inzwischen Jahrhunderte langen technischen Fortschritts werden inzwischen in beängstigender Weise vor aller Augen sichtbar. Die Fortschritte einer Wissenschaft, die unter dem Gesichtspunkt der Vorausberechenbarkeit von Naturvorgängen entwickelt worden war, hat die Menschheit plötzlich vor unvorhergesehene Auswirkungen gestellt. Nun, da die Erziehungswissenschaft sich anschickt, einen entsprechenden Fortschritt nachzuholen, sollte man, von jener anderen Entwicklung zumindest gewarnt, von vornherein Auswirkungen bedenken, die ein solches Unternehmen aufs Ganze gesehen haben könnte. Es könnte nämlich sein, daß das, was manchem als Fortschritt erscheint, bedenkliche Folgen hat.

Man wird sich fragen müssen, welche Auswirkungen ein solches Vorgehen auf die Konstitution dessen haben wird, über den hier verfügt wird: den Menschen in seinem kindlichen Stadium. Mit ziemlicher Sicherheit dürfte auf lange Sicht dem so Verplanten allmählich das Bewußtsein abhanden kommen, noch eine eigene Vernunft und einen eigenen Willen zu haben – d. h. überhaupt noch anders zu können als die für seine Entwicklung Verantwortlichen wollen; denn „Mißerfolge" – nämlich daß das Kind anders kann als der Lehrer will – soll eine raffiniert berechnete Erziehungs- und Unterrichtstechnik verhindern. U. U. gehört es dann noch zu dieser Berechnung, innerhalb festgelegter Alternativen dem Lernenden das trügerische Bewußtsein spontanen und autonomen Handelns zu belassen, um ihn um so sicherer und müheloser zu lenken. Eine solche Vereinnahmung von Autonomie und Spontaneität bei gleichzeitiger Fremdbestimmung aber könnte, wenn sie eines Tages durchschaut wird, eine fatale Wirkung haben und eine Identitätskrise heraufführen.

Zum anderen ist zu fragen, welche Möglichkeiten der Manipulation sich hier eröffnen. Das Bewußtsein des Erziehers, alles machen zu können, stellt eine Versuchung für ihn dar, der er kaum gewachsen sein wird. Politische Instanzen werden sich das hier auftuende Feld der Bewußtseinsschulung nicht entgehen lassen. Die Versuchung, entsprechende Machtmittel anzuwenden, ist nicht nur vergleichbar mit der Anwendung von bereitstehenden Vernichtungswaffen. Sie ist noch gefährlicher: Die Anwendung atomarer Macht schließt stets das Risiko der eigenen Vernichtung mit ein und vermag zudem eine Herrschaft auf Dauer nicht zu gewährleisten. Daher konnte ihre Anwendung im großen Stil bisher noch verhindert werden. Die Macht der Bewußtseinsveränderung ist subtiler und auf Dauer erfolgversprechender, da sie sich anschickt, jeden ernsthaften Widerstand zu verhindern.

Mit einem Wort: Das Bedrohliche an der hier sich abzeichnenden Verwissenschaftlichung ist gerade das, was als ihr Vorzug angesehen wird: ihre „Effektivität". Es wird nicht daran gedacht, daß der möglicherweise eintretende Effekt, analog den nicht mehr gutzumachenden Folgen der Naturzerstörung eine ebenfalls nicht mehr gutzumachende Zerstörung dessen bedeutet, was man bislang als das den Menschen Auszeichnende angesehen hat: seiner Individualität und des von ihr geprägten Denkens und Handelns.

Man wird sich daher noch früh genug fragen müssen, ob man das, was bisher unter dem Namen „Pädagogik" als Erziehungskunst mit sehr begrenztem Erfolg betrieben wurde, zu einem bloßen Anwendungsfeld der Erziehungswissenschaft umfunktionieren sollte, die sichere Erfolge verheißt. Die begrenzten Erfolge dieser „Kunst" waren dadurch mitbedingt, daß selbst da, wo man zur Vergewaltigung des Kindes neigte, immer noch mit einem Rest von Unverfügbarkeit auf Seiten des Kindes gerechnet wurde. Der Erfolg, den die Erziehungswissenschaft verheißt, wird eingeleitet, indem man mit diesem Unverfügbaren nicht mehr rechnet. Was der Naturwissenschaft, die mit der mythischen Welterkenntnis Schluß machte, noch zugestanden werden konnte: nämlich ihr Arbeitsfeld – in diesem Falle die Natur – untertan zu machen, muß der Erziehungswissenschaft bestritten werden, da sie Hand an den Menschen legt.

Der hier umrissenen Erziehungswissenschaft entspricht eine Erziehungswirklichkeit, die das genaue Spiegelbild dieser Wissenschaft ist; als Theorie hat nämlich diese Wissenschaft bereits ein Bild der Wirklichkeit entworfen. Wenn im folgenden die Erziehungspraxis als etwas der in der Erziehungswissenschaft entworfenen Theorie Vorausliegendes herausgestellt wird, so muß zunächst ein auf der Hand liegender Einwand zurückgewiesen werden. Dieser Einwand lautet: Es sei gerade das Kennzeichen gegenwärtiger Erziehungswissenschaft, der Praxis einen Vorrang einzuräumen. Die Theorie sei m. a. W. das Ergebnis praxisbezogener Untersuchungen. Dieser gängigen Auffassung ist ein fundamentalerer Einwand entgegen zu halten nämlich der, daß die in der Erziehungswissenschaft zugrundegelegte Methodik vorab über das entschieden hat, was als Praxis erscheint. Theorie und Praxis müssen deshalb notwendig übereinstimmen, weil die Theorie als Methodik das, was als Praxis gilt, präformiert hat. Als Praxis erscheinende Vorgänge sind das, was sie sind, erst mittels eines Rasters, der diese Vorgänge in bestimmter Weise zur Abhebung bringt. Dieser Raster ist die betreffende Methodik, die bereits in weitestem Sinne als Theorie anzusprechen ist, bevor irgendwelche Einzelergebnisse vorliegen, die mittels ihrer näher bestimmt werden.

Soweit man im Rahmen der hier gekennzeichneten Wissenschaft nur auf der unauflösbaren Beziehung von Theorie und Praxis besteht, wird kein Einwand erhoben. Der hier vorgebrachte fundamentale Einwand gilt vielmehr einem unter der Hand erhobenen weitergehenden Anspruch: daß nämlich mit solcher Übereinstimmung von Theorie und Praxis der Zugang zur Wirklichkeit schlechthin, zu *der* Erziehungswirklichkeit geglückt sei. So wird, um eine oben behandelte Methode hier als Beispiel anzuführen, mittels der Rollentheorie als Raster menschliches Verhalten spezifiziert. Statistische Verfahren ergeben dann beispielsweise, daß die Menschen innerhalb einer bestimmten Gesellschaft, sagen wir der Bundesrepublik, „kapitalistisch“ – oder wie auch immer – denken. Damit gilt ihre ursprüngliche Motivationsbasis als erschlossen; denn die Theorie stimmt mit der Wirklichkeit überein. Die Erziehungstheorie „rechnet“ fortan mit diesem oder einem anderen als grundlegend angesehenen Sachverhalt.

Hinterfragt man die Zauberformel von „Theorie und Praxis“, so ergeben sich zwei Einsichten, die den Bannkreis der aufgeführten Argumentation durchbrechen. Nur scheinbar fällt dem, was man Praxis nennt, ein Übergewicht zu; denn die jeweilige Theorie hat bereits über das mögliche Ergebnis entschieden, indem sie vorab ein Bild der Wirklichkeit entworfen hat, dem diese entsprechen muß. Das aber bedeutet: Die Wirklichkeit als eine möglicherweise die Theorie transzendierende Gegebenheit kann gar nicht in den Blick treten.

Im Unterschied zum angeführten gängigen Verständnis soll – wenn im folgenden auf „Praxis“ Bezug genommen wird – auf eine Wirklichkeit verwiesen werden, die über handliche Theorie hinausreicht und insofern auch den angeführten Funktionskreis von Theorie und Praxis überschreitet. Damit ergibt sich die Frage, wie eine so verstandene Wirklichkeit zugänglich wird. Die Antwort, die hier gegeben wird, lautet: Über so etwas wie einen direkten Sach- oder Situationsbzug, der einen entsprechenden personalen Bezug einschließt. Damit sind Bezüge gemeint, die nicht erst durch eine Theorie gestiftet werden sondern ihr vorausgehen.

Praxisbewährung im üblichen Sinne setzt eine Theorie voraus. Hier geht es um einen Bezug, der sich ergibt, wenn ich die Absicht, das Kind in den verfügenden Griff zu bekommen, zurückstelle – sei es nun, daß ich nur kraft verstandesmäßiger Erfassung oder auch kraft technischen Zugriffs darüber verfüge. Das aber heißt, es einfach annehmen zu können, ob nun in zwanglosem „praktischen“ Umgang oder in einem theoretischen Durchdenken, das mein Gegenüber das sein läßt, was es ist. Bleiben wir bei dem genannten Beispiel, so hieße das: auf ein Kind eingehen, ohne im Sinne einer bestimmten Theorie vorab über seine möglichen Verhaltensweisen zu disponieren, mich von seinem Verhalten überraschen zu lassen, ohne den Anspruch zu erheben, dieses Verhalten im Sinne einer bestimmten Gesellschaftstheorie endgültig zu fixieren.

Auf diesem Wege kann scheinbar Belangloses in besonderer Weise für mich bedeutsam werden, indem es mir Wirklichkeit erschließt. In Freude und Trauer, in Vertrauen und Enttäuschung kann in gleichem Maße Wirklichkeit offenbar werden, wie in abwägender Vernunftbetrachtung oder in der täglichen Arbeit – vorausgesetzt, daß bei dieser Arbeit dem nicht Verfügbaren, das sich gewöhnlich unerwartet einstellt, noch Raum gegeben wird.

Wir gehen im folgenden von einer Erziehungspraxis aus, die sich in der Erfahrung mit Kindern erschließt. Unmißverständlich glauben wir deutlich gemacht zu haben, daß dabei nicht an eine „Erfahrung“ gedacht wird, die sich als Ergebnis einer vorab getroffenen methodischen „Strategie“ ergeben hat. Es handelt sich nicht darum, Kinder mittels eines Rasters zu „erfassen“, sondern solchem „Erfassen“ zu entsagen, zugunsten eines Umgangs, der die Kinder jeweils sie selbst sein läßt, ohne dieses „Selbst“ fixieren zu wollen. Das kann auf verschiedene Weise geschehen: sowohl in zwanglosem gemeinsamem Spiel wie in der bloßen Beobachtung dessen, was sie tun – wohl auch im nicht verplanten Gespräch, das darauf verzichtet, von dem Gesprächspartner etwas Bestimmtes zu wollen.

Sehen wir uns die genannten Erfahrungsweisen näher an. Im Spiel ist der Mitspieler, in diesem Fall der Erzieher, mit einbezogen in einen Handlungsverlauf, der nicht einem von außerhalb kommenden Zwang unterliegt. Im Spiel ist das Kind nicht einem fremden Anspruch unterworfen. Es folgt nur dem aus ihm selbst kommenden Antrieb und wird dadurch frei. Der Erzieher ist nur dann in echtem Sinne Mitspieler, wenn er darauf verzichtet, noch mehr zu wollen, als einfach mitzuspielen und nicht versucht, das Spiel im Sinne eines bestimmten Vorhabens zu dirigieren. Wenn er das vermag, kann sich im spielenden Miteinander ein Austausch vollziehen, in dem ein Kind sich ihm als es selbst zeigt. Wenn das Kind sich dagegen von ihm beobachtet fühlt oder das vermeintliche Spiel als Mittel zum Zweck durchschaut, wird es sich verschließen. Aber selbst dann, wenn der Schein des Mitspielens gewahrt wird, weil ein anderes Interesse verborgen bleibt, wird die hier gemeinte Erfahrung vereitelt; denn nur in lebendiger Teilhabe an der Spielfreude kommt es zu vorübergehender Solidarität zwischen Erzieher und Kindern, die einen lebendigen persönlichen Austausch und zugehörige Erfahrung ermöglicht.

Eine Beobachtung kindlichen Verhaltens, wie sie empirischen Untersuchungen zugrundeliegt, ist stets bestrebt, dieses Verhalten in Grundeinheiten zu analysieren, um diese unter vorgegebenen Kategorien zu ordnen. Sie ist daher untauglich, etwas von dem zu erfassen, das als unauflösbares und nicht fixierbares Wesen eines Kindes sich in seinem Denken und Handeln offenbart. Um so etwas wahrzunehmen, bedarf es einer Beobachtung, die auf diejenige Distanz verzichtet, die Voraussetzung für das Auffassen objektiv-festlegbarer Tatsachen ist. Gemeint ist eine Wahrnehmung, die erst möglich ist, wenn ein persönlicher Bezug zu Kindern hergestellt wird. Das aber heißt: fähig werden, in einer Vielfalt von Lebensäußerungen etwas Durchgängiges wahrzunehmen, das sich nicht fixieren läßt. Es geht darum, wie es Martin Buber einmal formuliert hat, „die dynamische Mitte wahrnehmen, die all seiner Äußerung, Handlung und Haltung das erfaßbare Zeichen der Einzigkeit aufprägt“.[66])

Wie steht es schließlich mit dem Gespräch als Ort der Selbstdarstellung des Kindes? Wie beim Spiel und der Beobachtung dürfte auch hier so etwas wie eine gemeinsame Ebene die Voraussetzung dafür sein, daß sich das Kind als sich selbst offenbart. Gespräche, die einen anderen Zweck verfolgen als gemeinsamen Austausch, bei dem sowohl das Kind wie der Erzieher etwas von sich abgeben, mögen manches zutage bringen, wie seelische Krankheiten des Kindes, sein angeeignetes Wissen oder seinen Intelligenzquotient; sie werden aber niemals ein Kind als es selbst erfahren lassen.

Das Kind, daran gewöhnt, daß der Erzieher mit ihm etwas Bestimmtes vorhat, etwas von ihm will, muß zuvor befreit werden von derartigen „Erwartungen“ und es selbst sein dürfen. Erst dann kann es im Gespräch sich selbst aussprechen und seinerseits auf den anderen zugehen. Zu solcher Freigabe wird aber nur der Erzieher fähig und bereit sein, dem es unabhängig von allen anderen Vorhaben im Gespräch in erster Linie um dieses Kind selbst geht. Nur ein solcher Erzieher kann *die* Art von Erfahrung machen, die hier gemeint ist.

Für diesen Umgang mit Kindern ist kennzeichnend, daß er nicht von der unbedingten Überlegenheit des Erziehers ausgeht. Wo ein Verhältnis in der beschriebenen Art gegeben ist, haben auch Äußerungen und Handlungsweisen des Kindes ihre Wirkung auf die Entwicklung des Erziehers. Er steht nicht als Verfügender mit fertigen Vorstellungen dem Kind gegenüber. Er vermag vielmehr eine Haltung einzunehmen, die Platon als den Anfang aller Erkenntnis bezeichnet hat: das Staunen angesichts von unerwarteter Erfahrung, die sich angelegten Maßstäben entzieht. Die Fähigkeit, immer wieder mit Kindern solche Erfahrung zu machen, verhütet, daß Erziehung zur Routine wird..

Praxis, wie sie hier umschrieben und als Grundlage der Erziehung hingestellt wird, erschließt sich in der Erfahrung mit Kindern. Diese Erfahrung ist nicht das Reservat von Fachwissenschaftlern. Sie ereignet sich überall dort, *wo jemand an konkreten Kindern unmittelbares Interesse nimmt und dieses Interesse das Wohl des Kindes als dessen unbedingte Selbstverwirklichung im Auge hat.* Bevor ein solcher Personenkreis benannt wird, sei das hier zunächst Angedeutete näher erläutert.

Es wird von einem *unmittelbaren* Interesse an *konkreten* Kindern gesprochen. Davon wäre ein Interesse zu unterscheiden, das um anderer Ziele willen sich auf Kinder einläßt und von ihnen etwas Bestimmtes will, das diesen anderen Zielen zugute kommt. Solche Ziele können beispielsweise politischer Art sein. In diesem Falle werden die Seiten kindlichen Verhaltens, die für die politische Zielsetzung nicht bedeutsam erscheinen, übergangen. Unmittelbares Interesse an Kindern ist zugleich immer ein solches an konkreten Kindern. Für irgendwelche vorgegebenen Zielsetzungen ist es beliebig, um welche Kinder es im Einzelfall geht, sofern nur das betreffende Ziel erreicht wird.

Das genannte Interesse wurde dahingehend näher bestimmt, daß es das *Wohl des Kindes* im Sinne seiner *Selbstverwirklichung* im Auge hat. Wo die Selbstverwirklichung des Kindes relativiert wird zugungsten der Erfüllung beispielsweise religiöser Zielsetzung, wo also die Forderungen oder Gebote religiöser Instanzen als angeblich Unbedingte ausgegeben werden, wird eine mögliche Erfahrung mit Kindern von vornherein eingeengt und ursprüngliches kindliches Verhalten verzerrt wahrgenommen.

Wenn wir von dem Grundsatz unbedingter Selbstverwirklichung des Kindes ausgehen, kommt sowohl politischen wie religiösen Zielen und zugehörigen Forderungen nur relative Bedeutung zu. Nur soweit sich diese Ziele und Forderungen aus einer Primärerfahrung des sich entwickelnden Menschen ergeben, haben sie Gültigkeit. Diese Primärerfahrung aber setzt die Bereitschaft voraus, den jungen Menschen, um den es geht, jeweils den sein zu lassen der er ist. Das aber heißt Verzicht leisten auf jeglichen vorab verfügenden Zugriff.

Daß die hier gemeinte Erfahrung nicht, wie schon gesagt, das Reservat von Fachwissenschaftlern sein kann, leuchtet ein. Gerade der Fachwissenschaftler steht in der erhöhten Gefahr, den unmittelbaren Kontakt zu Kindern zurückzustellen zugungsten eines auf Theoriebildung ausgerichteten Bücher- und Laborstudiums. Er wird schließlich im Streit der pädagogischen Theorien und Systeme den lebendigen Kontakt zu konkreten Kindern und das Interesse sie zu fördern mehr und mehr verlieren. Wenn aber das primäre Interesse der Theorie und nicht mehr konkreten Kindern gilt, ist diese Theorie in der Gefahr, Selbstzweck zu werden.

Schließlich wird solche Theorie im Nachhinein anderen weiter vermittelt als angebliche Basis für praktische Erziehungsarbeit. Pädagogische Theorie kann aber auch dann, wenn sie im Umgang mit Kindern entwickelt und im Hinblick auf praktische Erziehungsarbeit entworfen wurde, nicht als „erprobte" Lehre von anderen einfach übernommen werden. Zu viele konträre Theorien werden auf diesem Gebiet angeboten, die miteinander nicht in Einklang zu bringen sind. Um für einen Erziehungsweg einstehen zu können, muß ihn der Erzieher selbst begangen und in eigener Erfahrung mit Kindern erprobt haben. Ein von anderen erprobter Weg kann und darf im Bereich der Erziehung niemals mehr sein als eine Ermutigung zu einem entsprechenden Versuch.[67])

Erziehungspraxis bei Schleiermacher und Rousseau

Diejenigen, die Erziehungswege schon beschritten und erprobt haben, bevor Fachwissenschaftler ans Werk gehen, sind die Eltern. Friedrich Schleiermacher kommt das Verdienst zu, diese Tatsache zum Ausgangspunkt seiner pädagogischen Reflexion gemacht zu haben. Seine Pädagogikvorlesung aus dem Jahre 1826 geht von dem Kernsatz aus: „Ursprünglich erziehen die Eltern, und zwar, wie allgemein anerkannt ist, nicht nach einer Theorie".[68]) Dieser Satz und insbesondere die daran anknüpfenden Überlegungen Schleiermachers lassen aufhorchen. Vor dem Hintergrund gegenwärtiger Erziehungswissenschaft und ihrem Theorieanspruch muß es mehr als fraglich erscheinen, ob einem theorielosen Einwirken auf Kinder noch zugestanden werden kann, im guten Sinne Erziehung zu sein. Wenn aber solche Erziehung ohne Theorie möglich ist, dann kann eine Erziehungstheorie nur eine untergeordnete, relative Bedeutung haben. Dann ist sie nicht mehr unbedingt Voraussetzung für eine Erziehungstätigkeit. Das aber ist in der Tat die Auffassung Schleiermachers: „Die Dignität der Praxis ist unabhängig von der Theorie".[69]) Schleidermacher verweist in diesem Zusammenhang auf zwei kulturell hoch entwickelte Völker, in denen die ältere Generation sehr bestimmend auf die jüngere einwirkte – aber ohne Erziehungstheorie: das Judentum und das Griechentum bis in die Zeit Platons.

Wenn die „Dignität", d.h. die Ernsthaftigkeit der Erziehungspraxis unabhängig von der Theorie besteht, dann heißt das, daß sie ihre Güte in sich selbst hat und sie nicht der Theorie verdankt. „Die Praxis wird mit der Theorie nur eine bewußtere".[70]) Nur der Reflexionsstand des Erziehers, nicht aber die Qualität seiner Erziehung ändert sich mit der Theorie.

Schleiermacher wendet sich daher konsequent an anderer Stelle mit aller Entschiedenheit gegen eine Theorie, die das Ansinnen hat, normierend die Praxis zu bestimmen. Das würde eine Unterordnung des Praktisch-Erziehenden unter den Theoretiker, den Erziehungswissenschaftler, wie wir heute sagen müßten, zur Folge haben, die Schleiermacher vom Ansatz her ausschließen möchte. Er denkt vielmehr daran, daß eine Theorie „unter denen, welche die Praxis handhaben, allmählich freie Anerkennung (gewinnt): so wird Theorie und Praxis sich einigen. . ."[71]) Eine solche Einigung ist aber nur dann zu erwarten, wenn der Theoretiker seine Vorrangstellung von vornherein aufgibt und den praktischen Erzieher in seiner Tätigkeit ernst nimmt und anerkennt. Von einer solchen Situation aber entfernen wir uns gegenwärtig immer weiter.

Diese gegenwärtige Situation, die im Zeichen einer zunehmend beherrschenden Erziehungswissenschaft steht, die jedes spontane Handeln gleicherweise wie alle unabhängig von wissenschaftlicher Methodik erworbene Erfahrung mit Geringschätzung ansieht und verdächtigt, hat bereits ihre lange Tradition. Die unbedingte Vorrangstellung der Theorie wurde schon sehr bald nach Schleiermacher richtunggebend in der Pädagogik. Die Konzeption Herbarts war für diese Richtung in der Folgezeit bestimmend. Herbarts Versuch, eine kalkulierte Unterrichtstheorie zu entwickeln, zunächst noch in enger Verbindung mit einer philosophischen Ethik, erregte Erwartungen, deren Erfüllung der gegenwärtigen Unterrichtstechnologie vorbehalten blieb, welche die philosophisch-ethische Reflexion als unwissenschaftlich eliminierte oder zugungsten einer marxistischen Gesellschaftsideologie austauschte.

Bevor näher auf das Gegenbild einer nicht theoretisierten Unterrichtspraxis eingegangen wird, ist zunächst nach der Begründung der von Schleiermacher so betonten Dignität der Praxis zu fragen. Sein wohl naheliegendstes Argument ist der Verweis auf die Ursprünglichkeit der Praxis gegenüber der Theorie: „Die Theorie ist immer später. Die Theorie muß sich erst Raum verschaffen, wenn die Praxis schon begründet ist".[72]) Das aber heißt: Erziehung ist immer schon Erziehung noch bevor das Einwirken auf den zu Erziehenden in der Reflexion bedacht wird.

Es handelt sich hier nicht um einen Begriff von Praxis, der von einer Theorie vorgeprägt ist, so daß sich solche Praxis erst dank eines vorgegebenen Rasters als solche abhebt. Dieser in der Erziehungswissenschaft geläufige Praxisbegriff, der nie für sich sondern nur in der Relation Theorie/Praxis gedacht wird, wird von Schleiermacher hintergangen. Praxis ist nicht auf das beschränkt, was sich im Lichte einer beliebigen Theorie als solche zu erkennen gibt und eine Theorie „bestätigt", die de facto vorab ein Bild der Wirklichkeit entworfen hat. Sie ist vielmehr, wie oben angedeutet, die aller Theorie vorausliegende Wirklichkeit selbst. Diese Wirklichkeit, als das Ursprüngliche, ist nicht, was die Erziehungswissenschaft als solche unterschiebt, nämlich das durch rationale Methode systematisch verfügbar Gemachte oder verfügbar zu Machende. Sie ist im Gegenteil ein Unverfügbares, innerhalb dessen menschliches Handeln sich vollzieht – in diesem Falle als Erziehen und Erzogenwerden. Es ist durch keine Theorie endgültig bestimmbar.

Dieses Unverfügbare und nicht endgültig Bestimmbare in der Erziehung gründet in der Selbstverwirklichung des Kindes. Nur der wird verfügend Erziehung in den Griff zu bringen versuchen, der sich anmaßt, dieses „Selbst" und den Weg, auf dem es erlangt wird, endgültig zu definieren. Wo das geschieht, wird dasjenige ausgeschaltet, was wir die Individualität des Kindes nennen. Ein Kernsatz mittelalterlicher Philosophie lautete: „individuum est ineffabile": Das Individuelle ist unaussprechbar, undefinierbar. Da es durch seine Einmaligkeit und nicht wie die übrigen Dinge durch Allgemeinbegriffe bestimmt ist, entzieht es sich jeder Definition.

Mit dieser Überlegung haben wir den letzten Hintergrund der von Schleiermacher hervorgehobenen „Dignität" der Praxis berührt. Wenn es in der Erziehung darum geht, Kindern als Individuen zu ihrer Selbstverwirklichung zu verhelfen, dann kann keine Theorie ein Erfolgsrezept geben. Vielmehr muß die Erfahrung im unvoreingenommenen Umgang mit Kindern jeweils neue Wege eröffnen.

Zu dieser je neu zu machenden Erfahrung gehören – was Schleiermacher nicht außer acht ließ – Elemente einer weiter wirkenden Tradition und die je gegenwärtige geschichtliche Situation. Das alles ist aber nur insoweit erzieherisch relevant, als es im Schnittpunkt der jeweiligen Individualität eine je eigenartige Verbindung eingeht. Ein eigentümlicher Schnittpunkt zu sein für geschichtliche und gesellschaftliche Vorgänge, macht nach Schleiermacher entscheidend die Individualität des Menschen aus. Seine Individualität liegt nicht in der Besonderheit seines naturgegebenen Organismus, sondern in der Eigentümlichkeit, in der er sich als geschichtlich-gesellschaftliches Wesen darstellt und äußert: „Ein Mensch ist aber nur insofern ein Individuum, als alles in ihm zusammenhängt, einen Mittelpunkt hat und sich gegenseitig bestimmt und erklärt. Nehmt ihm irgendein Teil seiner Grundsätze, seiner Meinungen, seiner Art sich auszudrücken und zu betragen, so hat er sein Charakteristisches verloren und ist nicht mehr geschickt, uns seine eigene Ansicht der Menschheit vorzustellen."[73]) Insofern sind universale geistig-politische Strukturen als Medium aufzufassen, in dem die Selbstverwirklichung des Heranwachsenden sich vollzieht.

Wo demgegenüber geschichtliche Erscheinungen, handle es sich nun um Religionen, Weltanschauungen oder politische Doktrinen und zugehörige gesellschaftliche Strukturen, als angeblich selbständig und eigenmächtig hingestellt und vertreten werden, geht das auf Kosten der Selbstverwirklichung und einer zugehörigen Erziehung. In diesem Falle gewinnt in der Pädagogik notwendig eine vorgängige weltanschaulich-politische Theorie den Vorrang gegenüber der unmittelbaren Erfahrung mit Kindern. In Abwandlung einer von Wolfgang Klaffki vertretenen Auffassung würden wir formulieren: Was im Sinne der Erziehung lebendige und zu erhaltende Tradition genannt werden kann, bemißt sich nach dem Beitrag, den diese zur Selbstverwirklichung des Kindes zu leisten vermag.[74]) Letztere aber ist kein gleichförmiger Prozeß, über den in erziehungswissenschaftlichen Handbüchern befunden werden kann. Sie nimmt so viele Formen an wie die menschliche Individualität, um deren Entwicklung es geht. Daher eröffnen sich nur in der lebendigen Erfahrung mit Kindern zugehörige Erziehungswege.

Daß alle pädagogischen Überlegungen Schleiermachers, die der hier näher umschriebenen Praxis ein solches Gewicht beimessen, darauf gerichtet sind, Kindern als Individuen zu ihrer Selbstverwirklichung zu verhelfen, geht aus seinen pädagogischen Schriften klar hervor: „Wenn wir den Menschen in seiner persönlichen Vollkommenheit betrachten am Ende der Erziehung, so muß jeder Einzelne in dem Ganzen durch seine eigentümliche Bestimmtheit sich von allen anderen, wenn auch nur graduell, unterscheiden, so daß der Grad, in welchem er persönlich eigentümlich ausgebildet ist, zugleich daß Maß für die Vollkommenheit seiner Entwicklung überhaupt ist; so wie auch die größere oder geringere seltener oder häufiger hervortretende Eigentümlichkeit des Einzelnen in einem Volke den Maßstab für die Bildungsstufe des Volkes gibt. Wenn die persönliche Eigentümlichkeit in einem Volke noch zurücktritt, so steht dasselbe auch auf einer untergeordneten Stufe der Entwicklung. Dies gilt auch von den einzelnen Abteilungen des Volkes."[75])

Schleiermacher hatte eine frühe Entwicklungsstufe der Menschheit im Auge, wenn er an den Fall denkt, daß in einem Volk die persönliche Eigentümlichkeit des Menschen „*noch*" zurücktritt. In der heutigen Situation sind wir eher versucht, von einem „Wieder"-zurücktreten derselben zu sprechen, was nach Schleiermacher einer Rückentwicklung gleich käme. An dieser Rückentwicklung wird die zunehmende Verwirklichung der Gleichheit der Bildungschancen solange nichts ändern können, als „Bildung", wie eindringlich aufgewiesen wurde, zunehmend einer wissenschaftlichen Programmierung anheim fällt, die – ungeachtet verbaler Beteuerung – für eine unverfügbare Individualität keinen Platz vorsieht. – Das gilt, wie oben gezeigt wurde, nicht zuletzt für die marxistisch-dialektisch ausgerichtete Erziehungswissenschaft. Sie gibt nur vor, die „Selbstentfremdung" aufzuheben, wenn sie de facto vorab ein gesellschaftliches System entwirft, dem die Erziehung untergeordnet wird. Wer einer Programmierung der Erziehung im Sinne eines weltanschaulich-politischen Systems das Worte redet, betreibt seinerseits eine Uniformierung, der jede Individualität im Wege ist.

In einer Untersuchung des Theorie/Praxis-Verhältnisses bei Schleiermacher, welche die gesellschaftlich-politische Akzentuierung der Schleiermacher'schen Pädagogik besonders herausstellt, verweist Hagen Pleger auf die Schwierigkeit einer Abgrenzung von Pädagogik und Politik. Es erscheint jedoch eindeutig, daß Schleiermacher es ablehnt, Staat und Politik als gegenüber Erziehung und Pädagogik übergeordnete Instanzen anzuerkennen.[76]) Die pädagogische Konzeption Schleiermachers geht von zwei Komponenten aus: einer universalen, welche auf Einordnung in eine größere politische Einheit gerichtet ist, und einer individuellen, welche die Heraushebung der persönlichen Eigenart betont. Man wird aber zu dem Schluß kommen müssen, daß Schleiermacher der letzteren das größere Gewicht beimißt: „Bedenken wir . . ., wieviele Menschen eines Volkes überwiegend nur als Masse erscheinen ohne Eigentümlichkeit, so sieht man, wie der menschlichen Trägheit durch die Erziehung muß entgegengewirkt und der Herausbildung der Eigentümlichkeit zu Hilfe gekommen, dem Übergewicht des Homogenen durch Erregung des Individuellen das Gleichgewicht gehalten werden."[77])

Wenn Schleiermacher in der Erziehung die Praxis als das Umfassende und aller Theorie Vorgängige herausstellt, so verweist er damit, wie hier gezeigt wurde, zugleich auf die unverwechselbare Eigenart des einzelnen Kindes als ursprüngliche Gegebenheit. Erziehen heißt dann: dieses ursprünglich Gegebene zu seiner vollen Entfaltung bringen. Damit wird die Pädagogik, als Reflexion erzieherischen Handelns, an etwas gemahnt, das aller Machbarkeit entzogen ist. Die persönliche Eigenart kann sich darstellen und als solche wahrgenommen aber niemals rational entworfen oder gar „hergestellt" werden.

Es erscheint verständlich, daß der Mensch einer hochindustriellen Gesellschaft mehr und mehr den Blick für derartige Gegebenheiten verliert, die ihm entzogen sind; denn er bewegt sich fast ausschließlich innerhalb einer Welt, die seiner eigenen Planung und Produktion ihr Dasein verdankt. Es ist von dorther erklärlich, daß man versucht, auch einen bislang technischer Verfügbarkeit entzogenen „Rest" innerhalb der Erziehungswirklichkeit, nämlich die persönliche Ausprügung des Kindes, auch noch als Produkt der sozialen Umwelt zu begreifen. In diesem Falle wird auch dieser Rest, wenn er erst mal auf beobachtbare äußere Einwirkungen reduziert ist, der Umfunktionierung zugänglich. Ein Begriff wie „Bewußtseinsveränderung" deutet auf den Versuch entsprechender Eingriffe hin. Damit aber entscheidet und verfügt vollends eine vorgängige Theorie über die Erziehungswirklichkeit.

Der vorliegende Denkansatz, der sich gegen diese Vereinnahmung von Kindern innerhalb der Erziehungswissenschaft wendet, steht nicht isoliert da. Er kann gewichtigte Stimmen für sich ins Feld führen, die nicht schon deshalb überholt sein müssen, weil sie einer anderen Epoche zugehören. Neben Schleiermacher dürfte Rousseau ein weiterer gewichtiger Zeuge einer – an der augenblicklichen erziehungswissenschaftlichen Produktion gemessen – *gegenläufigen* Auffassung sein. Die genannten Denker können so lange nicht als überholt abgetan werden, als die von ihnen vertretenen Auffassungen nicht widerlegt sondern nur übertönt worden sind. Ihnen möchten wir im Gegenteil die Kraft zugestehen, das rasch errichtete Gebäude gegenwärtiger pädagogischer Technologie zu überdauern. Sie werden nämlich dann überdauern, wenn ihr Denken dem Menschen mehr gerecht wird als das, was heute im Namen der Wissenschaft angeboten wird. Es ist zu erwarten, daß man nach ersten spektakulären „Erfolgen", ähnlich denen auf naturwissenschaftlichem Gebiet, erkennt, daß hier systematisch an der Selbstzerstörung des Menschen und seiner Welt gearbeitet wird. Es regen sich bereits erste warnende Gegenstimmen in dieser Richtung. Ausdrücklich sei dabei auf die jüngst erschienene „Kritik der pädagogischen Technologie" von Wilfried Kuckartz verwiesen,[78]) der hier unter dem Eindruck eines sich rapide ausbreitenden wissenschaftlich-technischen Denkens früher vertretene Auffassungen[79]) in vieler Hinsicht korrigiert.

Rousseau erscheint in diesem Zusammenhang von besonderer Aktualität. Er hat nämlich die Entwicklung der Wissenschaft, die in der gegenwärtigen Pädagogik mit letzter Schärfe zutage tritt, hellsichtig bereits im 18. Jahrhundert am Werk gesehen und als eine tiefgreifende Identitätskrise des Menschen entlarvt. Der in den Diskursen getroffenen Analyse des wissenschaftlichen Zeitalters stellt er in seinem Erziehungsbuch „Emile" Grundsätze der Erziehung an die Seite. Sie sollen dem heranwachsenden Menschen eine ihm gemäße Entwicklung verbürgen und ihn gegen einen diese Entwicklung gefährdenden Trend immun machen. Das Jahrhundert der Aufklärung, gegen das sich Rousseaus Überlegungen richtete, brachte eine in der nachfolgenden Zeit vielfach unterbrochene aber nicht mehr aufzuhaltende Entwicklung in Gang, die in unseren Tagen ihrem Höhepunkt zustrebt. Was das fortschrittsgläubige 18. Jahrhundert erst als Programm entwarf, nämlich die Entwicklung menschlichen Lebens auf der Grund-

lage der Wissenschaft rational zu beherrschen und fundamental umzugestalten, ist inzwischen weitgehend aus dem Stadium eines utopischen Vorhabens in das der Machbarkeit überführt worden.
Was für Rousseau erst andeutungsweise sichtbar war und von ihm scharfsichtig entlarvt wurde, zeigt sich auf dem Stand gegenwärtiger Entwicklung für jeden offenkundig, der sich mit den menschlichen Problemen der Gegenwart im allgemeinen und der kindlichen Entwicklung im besonderen befaßt: Im Zuge des wissenschaftlich-technischen Fortschritts wird der Mensch sich zunehmend selbst entfremdet. Rousseau hat diese Entfremdung als einer der ersten thematisiert. Was er als „Natur" der unter der Hand des Menschen stattfindenden Veränderung entgegenhält, ist nicht der Komplex einer außermenschlichen Kausalität – dann könnte sie ihn nämlich nicht zu sich selbst befreien – sondern eine allem zugrunde liegende Zweckordnung, die einem jeden das zuordnet, was seine Vollendung garantiert. Die Devise „Zurück zur Natur!" ist ein Verweis auf diese ursprunghafte Grundordnung und nicht die Umschreibung eines reaktionären Verhaltens, das den Blick primär rückwärts gewandt hat. Eher handelt es sich um ein revolutionäres Programm, das bereits einen zentralen Gesichtspunkt der späteren Kritik von Karl Marx berührt – nämlich die Verfremdung seiner eigenen Lebensumwelt und die Verdinglichung des Menschen, der als Produkt des von ihm selbst betriebenen Produktionsprozesses entartet „Er erschüttert alles, entstellt alles – er liebt die Mißbildung, die Monstren. Nichts will er so, wie es die Natur gemacht hat, nicht einmal den Menschen. Er muß ihn dressieren wie ein Zirkuspferd. Er muß ihn seiner Methode anpassen und umbiegen wie einen Baum in seinem Garten."[80)]

Dem den wissenschaftlichen Methoden „angepaßten" und in ihrem Sinne „umgebogenen" Menschen, als gezüchtetem „Monstrum" wird der Mensch, wie ihn „die Natur gemacht" hat, gegenübergestellt. Das heißt: Dem willkürlich Gemachten oder Machbaren wird etwas Ursprüngliches, die Natur des Menschen, entgegen gehalten. Dieses Ursprüngliche aber ist sein individuelles Wesen, das einen zu realisierenden Anspruch darstellt. Welche Konsequenz ergibt sich daraus für die Erziehung? Nichts anderes als zu gewährleisten, daß diese Individualität zu ihrer vollen Entfaltung und Erfüllung gelangt. Der Erzieher verzichtet auf einen theoretischen Vorgriff, indem er das Kind in seiner Individualität freigibt. In dem dann erst möglich werdenden freien Umgang mit dem Kind kann er die Erfahrung machen, wohin es sich gemäß seiner eigenen Anlage hin entwickelt. Es handelt sich um den Verzicht auf programmierende Verfahren, die von normgebenden Typen geleitet sind.

Daher lehnt Rousseau *mit* der Aufklärung jeden religiösen Fanatismus ab, aber ebenso *gegen* sie gerichtet den Herrschaftsanspruch der Wissenschaft. In seinem ersten Discours zur Preisfrage der Akademie von Dijon bestätigt er zwar der Wissenschaft ihren Fortschritt. Was er angreift, ist die Auswirkung dieses Fortschritts auf den Menschen, nämlich den durch sie hervorgerufenen Identitätsverlust. Wenn das Ziel der Erziehung nicht außerhalb des Menschen gesucht wird, bleibt als Ziel nur die Identität des Menschen die keine Wissenschaft vorausbestimmen, geschweige denn gewährleisten kann. Die Erziehungspraxis kann dann nicht die Anwendung der Theorie sein, sondern nur den „Gang der Natur" respektieren. Sie darf nicht etwas Bestimmtes aus dem Kind machen wollen, d. h. im Sinne eines vorgefaßten Zieles auf das Kind einwirken. Es verbleibt ihr die bescheidenere Aufgabe, schädliche Einflüsse fernzuhalten.

In dieser Auffassung begegnen sich Rousseau und Schleiermacher. Letzterer unterscheidet in der Erziehung eine „unterstützende" von einer „gegenwirkenden" Tätigkeit.[81)] Während unterstützendes Einwirken nur die sich anbahnende Selbstverwirklichung der kindlichen Individualität zu fördern sucht, wird die gegenwirkende Tätigkeit des Erziehers auf die Abwehr störender Faktoren beschränkt. Ein verfügendes Eingreifen in die innere Entwicklung des Kindes, welches aus dem Kind etwas Bestimmtes machen will, möchte Schleiermacher gleicherweise wie Rousseau ausgeschlossen wissen.

Als „Gang der Natur" wird von Rousseau nicht eine Determination der Kindlichen Entwicklung im Sinne der Naturwissenschaft vertreten. Das geht schon daraus hervor, daß eine Fehlentwicklung möglich, ja als beherrschendes Kennzeichen der modernen Entwicklung angesehen wird. Der Begriff „Natur" hat, wie schon gesagt, bei Rousseau einen metaphysischen Sinn: Er bezeichnet etwas aller Realität Zugrundeliegendes, eine „Hypothese", der gemäß allem Seienden und nicht zuletzt dem Menschen ein zielbestimmter „Gang" zugeordnet ist. Dieser eröffnet ihm die Möglichkeit, sich selbst zu verwirklichen. Beim Menschen ist diese Selbstverwirklichung stets infragegestellt, weil als zugrundeliegende Lebensbestimmung nicht ein determinierter Gang sondern die Autonomie angenommen wird. Menschliches Leben erfüllt sich erst in der Selbstbestimmung. Es ist dann Teil der Erziehung und Voraussetzung jeder erzieherischen Einflußnahme zu erkunden, wohin sich ein heranwachsender Mensch auf Grund seiner Individualität ausrichtet, um ihm zu dieser seiner Selbstbestimmung, die vielfach bedroht ist, zu verhelfen.

Lernpraxis und Schule

Im Mittelpunkt der hier angestellten Überlegungen stand die Erziehungspraxis im weitesten Sinne, soweit sie an der Selbstentfaltung des Kindes orientiert ist. Abschließend noch ein besonderes Wort speziell zur Lernpraxis. Sie befindet sich gegenwärtig wohl am stärksten im Sog wissenschaftlicher Theorie. Diese legt, wie an anderer Stelle bereits näher ausgeführt wurde, Lernprozesse bis ins einzelne fest. Programmierter Unterricht gilt als anzustrebende Lernpraxis, die damit zum Spiegelbild der Theorie wird, die sie entwirft. Dem sei hier Lernpraxis in einem ursprünglichen Sinne entgegengestellt – ursprünglich, weil sie vor aller Lerntheorie schon vollzogen wurde.

Man beginnt bereits vereinzelt zu begreifen, daß Lernen im ursprünglichen Sinne dem theoretisch kalkulierten, wie es unsere Schulen bestimmt, überlegen ist. Diese Überlegenheit zeigt sich unmittelbar im Lernerfolg, in der Aneignung lebenswichtiger Kenntnisse. Lernen als integrierter Vorgang im Zuge der inneren Entwicklung des Kindes bleibt dabei noch unberücksichtigt. Es geht an dieser Stelle nicht um die im Ganzen gesehen ebenso wichtige Frage, inwieweit sich programmierter Unterricht hemmend auf die Spontaneität auswirkt, da er den Schülern in ein Schema zwingt.

Auf Lernpraxis in dem oben angedeuteten ursprünglichen Sinn verweist Hartmut von Hentig in seinen „Alternativen zur Schule".[82)] Es ist davon auszugehen, daß seine Kritik der Schule nicht zuletzt durch die zunehmende Perfektionierung einer Unterrichtstechnik motiviert ist, die den Schüler vorgegebenen Zwängen unterwirft. Diese unterdrücken seine Spontaneität, mindern dadurch einerseits seine Lernbereitschaft und Lernfähigkeit und machen ihn damit andererseits zunehmend untauglich für eine praxisbezogene Aktivität. So wenig nämlich ein Schüler seine Kenntnisse auf dem Wege der Erfahrung angeeignet hat, so wenig ist er hinterher in der Lage, diese Kenntnisse auf die Lebenspraxis zu beziehen. Die Anwendung, der sog. Transfer, als zusätzlich einkalkulierte Stufe einer perfektionierten Lerntheorie, die in der ersten Aneignungsstufe Wissen als bloßes Anlernen eines programmierten Stoffes versteht, ist ein ebenso gut gemeintes wie hinsichtlich seiner Wirkung sehr beschränktes – weil inkonsequentes – Programm.

Seit jeher ist die Schule von Kindern als Zwang empfunden worden, weil sie die bei ihnen vorhandene Lernbereitschaft, für die es vielfältige Belege gibt, zu wenig zu aktivieren verstand. Vom Kleinkindalter an sind nämlich Kinder bestrebt ihren Erfahrungs- und Wissenshorizont zu erweitern. „Was ist das?" oder „Was tut der?", so lauten die sich ständig wiederholenden noch ungeschickt formulierten ersten Kinderfragen. Sie können sich so häufen, daß sie den Erwachsenen lästig werden. Im Schulunterricht aber ist bei den meisten Kindern von diesem Interesse nur noch wenig zu spüren – und zwar offensichtlich deshalb, weil lebendiges Fragen nur in der Erfahrung mit Menschen und Dingen aufbricht. Die Schule geht in der Regel den umgekehrten Weg. Sie vermittelt Wissen, das gelernt werden muß, um erst hinterher auf Erfahrung bezogen zu werden. Wir haben an anderer Stelle auf die besondere Chance hingewiesen, die demgegenüber die Eltern in der Wissensvermittlung haben, da sie den normalen

Tageslauf der Kinder begleiten.[83]) Hier ist im Unterschied zur Schule die Wissensvermittlung nicht abstrakt, da sie an konkreten Situationen unmittelbar anknüpfen kann.

Die Sterilität des Schulunterrichts ist darin begründet, daß die lebendige Erfahrungspraxis fehlt oder zumindest ferngerückt ist. Es steht immer schon fest, was im einzelnen gelehrt und gelernt werden muß – ohne Rücksicht auf die Lernbereitschaft und den besonderen Wissensdrang der Kinder. V. Hentig hat die Problematik von „Fertigplänen" aufgewiesen, die schließlich zum Selbstzweck werden, weil der Praxisbezug fehlt: „Geht man beim Aufstellen eines Lehrplans, oder wie man heute lieber sagt: Curriculums (weil dieses Wort bei den Amerikaners auch die konkreten Lehrinhalte einschließt), vom ‚vorliegenden Wissen' aus und hofft, daran (gelegentlich) die Erfahrung der Kinder zu entfalten, dann kommt dabei in der Tat ein Fachunterrichtssystem mit Fachlehrern heraus, wie wir es haben, und genügt für seine Zwecke: die Reproduktion eines ausgewählten Wissens in geläufigen Mustern".[84]) Wir erinnern uns alle an einen Sprachunterricht, bei dem mühsam Lektion für Lektion, Vokabeln und grammatische Formen angelernt, ja angequält wurden. Wir wissen aber auch, wie schnell und ohne inneren Widerstand eine Sprache im Ausland erlernt wird, weil der lebendige Umgang mit anderen Menschen und ihrer Welt dazu motiviert.

In der aller Schulpädagogik bzw. Didaktik vorgelagerten Erfahrungswirklichkeit vollziehen sich, wie v. Hentig an anderer Stelle gezeigt hat, die entscheidenden Lernvorgänge – entscheidend sowohl im Sinne der Lernbereitschaft und der an sie gebundenen Einprägsamkeit, wie der praktischen Lebensbedeutsamkeit der betreffenden Erkenntnis. *Diese Art von Lernerfahrung*, wie ich sie nennen möchte, findet aber in erster Linie außerhalb der Schule statt, innerhalb der Schule aber in der Regel außerhalb des „Pensums". Besser als alle Umschreibung kann ein anschauliches Beispiel, das, worum es geht, verdeutlichen. V. Hentig berichtet es aus seiner eigenen Schulzeit. Es sei wegen seiner Eindringlichkeit und Dichte hier unverkürzt zitiert:

> „Wir pflegten unser lunch in einem kleinen Blechkoffer mitzubringen. Die Schule dauerte bis um 4 Uhr nachmittags. Um 12 Uhr ging man die Hände waschen; eine wechselnde Gruppe holte Milch, Kakao oder Apfelsinensaft, die auf Schulkosten verteilt wurden; man nahm das Essen gemeinsam im Klassenzimmer ein. Natürlich sah jedes Kind mit einer gewissen Neugier, was die anderen von zu Hause mitbekommen hatten. Oft wurden die Sandwiches getauscht. Besonders interessant waren die Brote der Ausländer, der Juden, Polen, Italiener – und auch meine. Als ich einmal nicht nur das schon ungewöhnliche Schwarzbrot (mit Schmalz

oder Griebenschmalz) dabei hatte, sondern eine Scheibe Sülze darauf, waren meine unmittelbaren Nachbarn sehr aufgeregt und fragten mich, was das sei. Ich wußte weder den Namen des inkriminierten Belages noch konnte ich sonst Auskunft geben. Ein Mädchen entdeckte schließlich in dem gruselerregenden Gallert etwas, was sie für ein „Fischauge" hielt, und erklärte kurzerhand: ‚Deine Mutter liebt dich aber nicht – wenn sie dir Fischaugen aufs Brot gibt'. War ich schon ratlos, als man mich gefragt hatte, was denn das sei, so war ich vollends bestürzt, als mir diese Deutung gegeben wurde. Die Lehrerin nahm dies alles wahr und griff an diesem Punkt wie folgt ein: ‚Der Hartmut aus Deutschland hat da etwas auf seinem Brot, das er nicht erklären kann. Könnt ihr denn erklären, was auf Euren Broten ist?' Alle Brote – auch die schon angegessenen – wurden auseinandergeklappt, die Belage ausgelegt, betrachtet und bezeichnet, so gut man konnte –, aber genau erklären konnten wir nur weniges. Zur nächsten Stunde sollte sich nun jeder erkundigen, was er auf seinem Brot hatte, wo es herkam, wie es gemacht wurde, und wir hatten einen höchst interessanten, mehrere Stunden dauernden Unterricht in ‚Landwirtschaft', ‚Chemie', ‚Biologie', ‚Ethnologie', ‚Geographie'. Unerklärt blieb auch dann noch das Allgemeinste: was Butter sei. Und da einer gehört hatte, sie werde aus Sahne gemacht, aber keiner wußte, *wie*, brachten wir zum wiederum nächsten Mal Sahne mit. Ich sehe uns noch unsere halbgeleerten Sahneflaschen schütteln, bis so etwas wie Butter und Wassermilch entstanden war.

Diese amerikanische Lehrerin hatte nicht von dem eigentlichen Problem abgelenkt; sie hatte auf andere Weise zu ihm hingeführt. Denn ich konnte beim nächsten Mal natürlich nicht nur der Klasse erklären, was Sülze sei und wo man sie – in Deutschland nämlich, von dem ich dann auch berichten mußte – ißt, sondern es wurde uns allen erst bewußt, wie anders und bunt die in der Klasse versammelten Lebenshintergründe waren. Und dies alles hatte uns nicht nur belehrt, sondern Spaß gemacht – unsere Erfahrung vermehrt, nicht verschult. Die Lehrerin wußte, daß das ihr wahres Pensum ist: den Schmerz, die Ratlosigkeit, das Problem geschehen lassen und es dann zu weiterer Erfahrung verarbeiten."[85)]

In seinem Resümee lenkt v. Hentig den Blick auf das, was sich als zentrales Anliegen unserer Untersuchung gezeigt hat: daß „die Möglichkeit einer offenen, selbstgewagten, nichtprogrammierten Erfahrung in der verschulten Schulwelt mehr gefährdet ist als das Lernen und darum einer Hilfe bedarf. Den Kindern ... muß die Zumutung der Freiheit gemacht werden. Es hat den Anschein, daß die Lerngesellschaft unter Lernen das Gegenteil versteht – die systematische Ausschaltung der Betroffenheit, des Zufalls, der offenen Situation."[86]

Daß hier nicht Schule überhaupt ad absurdum geführt werden soll sondern nur eine bestimmte Art von „programmiertem" Unterricht – einschließlich programmierter Erfahrung – versteht sich von selbst. Schließlich hat die Lehrerin durch ihr pädagogisches Geschick dazu verholfen, unverhoffte Erfahrung voll auszuwerten.

In den darauffolgenden Überlegungen lenkt v. Hentig die Aufmerksamkeit gerade auf dasjenige, was als pädagogisches Grundmotiv oder Leitfaden unsere ganze Untersuchung durchzieht: die Rückgewinnung einer umfassenden Erziehungswirklichkeit. Sie zeigt sich, wie bereits aufgewiesen wurde, im unmittelbaren, nicht vorab programmierbaren Umgang mit Kindern, der diese Kinder sie selbst sein läßt.

Wer Kontakt zu Kindern hat, weiß, wie sie darunter leiden, daß im Unterricht, wo sie etwas lernen sollen, das Leben, wie es sie außerhalb der Schule umgibt und ihre damit zusammenhängenden tatsächlichen Interessen kaum zur Sprache kommen. Alles was in den Schulbüchern steht und was die Lehrer vorbereiten, wird *für sie* gemacht, aber häufig nicht von ihrem Lebensraum her entwickelt. Es wird im Unterricht meist über Dinge gesprochen, von denen die Kinder sich nicht unmittelbar betroffen fühlen. Es gilt dann als didaktischer Kunstgriff, dennoch im Nachhinein dafür eine gewisse Beteiligung zu erzwingen, obwohl im Grunde kein Interesse vorliegt.

Das sind Schulerfahrungen, die auch früheren Generationen nicht fremd waren. Nur war die Verwissenschaftlichung nahezu aller Unterrichtsgegenstände noch nicht so weit fortgeschritten. Selbst da, wo ausnahmsweise unmittelbare Lebensprobleme angesprochen werden, transponiert man sie heute auf ein wissenschaftliches Niveau, wo sie unbeteiligt behandelt werden können: Erfahrungen von Feindschaft und Ausgestoßensein, von Verstanden- und Mißverstandensein, Abhängigkeit und Freiheit, erwiderter und nicht erwiderter Liebe werden als soziologische oder psychologische Probleme behandelt. Sie werden als willkommener Einstieg in die Wissenschaft geschickt ausgenutzt. Offensichtlich geht es beim Bildungsvorgang nicht um eine Intensivierung und Auswertung von Erfahrung sondern um das Erlernen und „Beherrschen" der Theorie. Der so „Gebildete" versteht dann unter Erkenntnis die Ableitung eines Lebensvorgangs aus der Theorie, nicht so sehr die Erfahrung. Hier zeigt sich, wie sich der überkommene theorie-fixierte Bildungsbegriff im wissenschaftsorientierten Unterricht moderner Prägung in abgewandelter Form fortsetzt.

Demgegenüber hatte bereits Rousseau erkannt, daß der Erwerb der weitaus überwiegenden Kenntnisse nicht das Ergebnis von Unterricht sondern von lebendiger Erfahrung ist. Wenn er sagt: „Die Erfahrung geht der Lehre voraus", so ist das nicht nur zeitlich sondern im Sinne der Rangfolge zu verstehen: „Wie überrascht wäre man von den Kenntnissen auch des gröbsten Menschen, würde man seine Fortschritte vom Augenblick seiner Geburt an bis zu dem Punkt verfolgen, wo er angelangt ist. Teilte man das ganze menschliche Wissen in zwei Teile: den, der allen Menschen gemein ist, und den anderen, der nur den Gelehrten eigen ist, wie klein wäre im Vergleich zum ersten der letztere!“[87]) Daher wird Emile eine größtmögliche Vielzahl und Intensität der Erfahrung ermöglicht. Leben und Lernen treten nicht getrennt voneinander auf.

Diese Zugehörigkeit von Leben und Lernen wird heute in extremer Zuspitzung von Ivan Illich vertreten. In seinen aufsehenerregenden Untersuchungen, die geleitet sind vom Problem der Bildung in unterentwickelten Ländern, folgert er aus dieser Zusammengehörigkeit letztlich die Abschaffung der Schulen. Auch wenn man seiner extremen Folgerung nicht ohne weiteres zustimmt, wird man seine Argumentation, die der von Rousseau sehr nahekommt, durchaus folgen können. „Die meisten Menschen ... erwerben den größten Teil ihres Wissens außerhalb der Schule; in der Schule erwerben sie es nur insoweit, als in einigen reichen Ländern die Schule der Ort geworden ist, an dem sie während einer wachsenden Spanne ihres Lebens eingesperrt werden. Das meiste Lernen erfolgt beiläufig, und selbst beabsichtigtes Lernen ist nicht das Ergebnis von programmierter Unterweisung. Normale Kinder lernen ihre erste Sprache nebenbei. Die meisten Menschen, die eine zweite Sprache gut sprechen lernen, tun das auf Grund irgendwelcher Umstände, nicht aber durch regelmäßigen Unterricht.“[89])

Illich möchte indessen das Lernen ebensowenig wie Rousseau ganz dem Zufall überlassen wissen. Mag auch der größte Teil unseres Wissens „nebenbei“, d. h. ohne eine ausdrückliche Bildungsanstrengung erworben werden, so gilt das doch nicht für so elementare Kenntnisse wie beispielsweise das Lesen, Schreiben und Rechnen. Hierzu bedarf es einer gezielten Unterweisung. Illich sieht es aber als entscheidend an, daß auch dieser Lernvorgang nicht um seiner selbst willen betrieben wird. Er verweist auf Erfahrungen von Paulo Freire in Brasilien, der es fertiggebracht hat, Analphabeten in wenigen Wochen Lesen und Schreiben beizubringen. Dieser Erfolg war nur insoweit möglich, als der Pädagoge nicht Unterrichtsstoffe sondern die Lebenspraxis der betreffenden Menschen behandelte. In der Diskussion nahm er Worte, die für die betreffenden Menschen brennende Lebensprobleme bezeichneten, zum Ausgangspunkt des Sprachunterrichts. Dieser wurde nebenbei erteilt, indem beim Gespräch über unmittelbare Lebensprobleme häufig vorkommende Worte angeschrieben und entziffert wurden. Paulo Freire geht es nicht so sehr darum, daß allgemeine Schulkenntnisse an den Mann gebracht werden. Er sieht es vielmehr als primäre Aufgabe an, die Lebenspraxis und das Lebensinteresse derer zu erkunden, an die er sich wendet. Er appelliert an die selbstlose Arbeit des Lehrers, „dem Volk seine eigene Thematik in systematisierter und ausgebauter Form zu re-präsentieren. Die Thematik, die von den Leuten kam, kehrte zu ihnen zurück."[90] Das dann vorauszusetzende Sachinteresse wiederum motiviert das Erlernen des Lesens, Schreibens und Rechnens.

Dabei hat Freire letztlich nicht den Erwerb von Kenntnissen und Fähigkeiten im Auge. Er versteht Bildung als ein Hinausführen über dasjenige, was als bloße Tatsache vorliegt. „Lernen ist für ihn", wie Ernst Lange in seinem Vorwort zur deutschen Ausgabe von Freires Pädagogik treffend formuliert, „die Wahrnehmung der eigenen Lebenssituation als Problem und die Lösung dieses Problems in Reflexion und Aktion. Lehren ist entsprechend nicht Programmieren sondern Problematisieren, nicht das Abkündigen von Antworten sondern das Aufwerfen von Fragen."[91] In diesem Falle dürfte es sich nicht um pädagogisch „gestellte" Fragen handeln. Diese würden in dem angegebenen Sinne nicht weiterführen, da sie nur die Fragen des Lehrers wären und nicht die des Lernenden. Sie würden daher auch nicht zur Selbsttätigkeit motivieren. Es handelt sich darum, den Fragedrang des Lernenden zu aktivieren, diesen dahin zu bringen, seine eigenen Fragen zu stellen oder zumindest sich die echten – nicht die didaktisch-rhetorischen – Fragen des Lehrers wahrhaft anzueignen; denn, wie Hans-Georg Gadamer in seiner Hermeneutik zutreffend gesagt hat, heißt „eine Frage verstehen ... sie fragen."[92]

Begründung und Rechtfertigung dieser Praxis

Die Berufung auf ein der erziehungswissenschaftlichen Erfassung vorausliegendes Verständnis der Erziehungswirklichkeit muß mit dem Vorwurf der Naivität rechnen. Dieser Vorwurf resultiert aus einem Selbstverständnis der Erziehungswissenschaft als einer letztmaßgebenden Instanz in der Erziehung. Es ist daher erforderlich, die hier besprochene Erziehungspraxis und ein ihr immanentes Verständnis der Erziehungswirklichkeit gegen diesen Vorwurf erkenntniskritisch abzusichern. – Jede unmittelbare Erfahrung der Wirklichkeit handelt sich heute den Vorwurf der Unwissenschaftlichkeit ein. Die Bezeichnung „unwissenschaftlich" ist aber – im Unterschied zur Bezeichnung „nicht wissenschaftlich" – eine abwertende Kennzeichnung.

Die der erziehungswissenschaftlichen Theorie vorausliegende Erziehungspraxis ist nicht unbedingt auf solche Theorie angewiesen. Sie ist keineswegs vernunftlos und gewinnt ihre Erkenntnis im unmittelbaren Umgang mit Kindern. Diese Art von Erkenntnis aber bedarf der Rechtfertigung, um sich gegen wissenschaftliche Theoriebildung behaupten zu können. In dieser Hinsicht grundlegend sind die Erörterungen Edmund Husserls zur sog. Lebenswelt, als dem Sinnesfundament jeglicher Theoriebildung und die in dieser Richtung weiterführenden Untersuchungen Martin Heideggers. Sie müssen auf das Feld der Erziehungspraxis bezogen werden, um diesen Bereich davor zu schützen, von der Erziehungswissenschaft vereinnahmt zu werden.

Es handelt sich dabei um „einen Rückgang zur Naivität des Lebens, aber in einer über sie sich erhebenden Reflexion".[93] Diese Reflexion stellt nicht den Anspruch, in ihrer Erkenntnis der Lebenspraxis überlegen zu sein. Naivität ist für sie nicht etwas, das nicht ernst genommen wird. Sie erweist sich im Gegenteil als Ursprung aller Sinngebung überhaupt. Die angeführte Reflexion kann sich nur insoweit über sie erheben, als sie dieses Sinnesfundament, das in der Lebenspraxis begriffen wird, bewußt macht. Ludwig Landgrebe kennzeichnet den Weg dieser Reflexion zutreffend als „Rückgang hinter die... durch die Wissenschaft ausgelegte Welt auf die Welt, so wie sie in unmittelbarer Erfahrung vor aller Wissenschaft schon immer erlebte und gegebene ist", und zwar in „jeder Art des Umgangs mit den Dingen (in unserem Falle: mit Kindern), in der wir mit ihnen in irgendeiner Richtung unsere ‚Erfahrungen' machen."[94]

Die Argumentation Husserls geht aus von dem, was wir in unserem Zusammenhang „Verwissenschaftlichung" nennen – genauer: von dem im 19. Jahrhundert einsetzenden, von Galilei begründeten Herrschaftsanspruch der Naturwissenschaft. Ohne Zweifel beschäftigt Husserl diese Naturwissenschaft deshalb so stark, weil sie „von entscheidender Bedeutung für Werden und Sein der neuzeitlichen positiven Wissenschaften" überhaupt wird,[95] denen sich nun auch die Erziehungswissenschaft eingliedert. Diese Wissenschaften legen ein Verständnis der Wirklichkeit zugrunde, demzufolge diese „durch eine universale Wissenschaft, und zwar restlos, zu beherrschen sei".[96] Der Kern solcher Konzeption ist eine Methode, die sich in der Gewinnung und Anwendung von Formeln vollzieht, die für jedermann logisch zwingend zu begründen sind. Es ist das Anliegen Husserls, einerseits die tatsächliche Leistungsfähigkeit und andererseits das begrenzte Leistungsvermögen dieser Methode zu beleuchten.

Es zeigt sich als Sinn dieser Methode, gewisse Vorgänge in der Wirklichkeit voraussehbar zu machen: „Ist man einmal bei den Formeln, so besitzt man damit im voraus schon die praktisch erwünschte Voraussicht."[97] Indem sie von der Meßbarkeit alles Gegebenen ausging, um zum Zwecke seiner Voraussehbarkeit und Beherrschbarkeit Formeln und damit Gesetzmäßigkeiten entwickeln zu können, ließ diese Wissenschaft eine Vielzahl von Wirklichkeitsaspekten und zugehörige Tatsachen außer Betracht. Aufgrund der so erzielten Erfolge erscheint es „verständlich, daß man dazu verführt wurde, in diesen Formeln und ihrem Formelsinn das wahre Sein der Natur selbst zu erfassen".[98] So tritt eine Unterschiebung ein, und zwar des in Formeln und Gesetze Gebrachten für die umfassende, in alltäglicher unmittelbarer Erfahrung immer schon erfaßte Wirklichkeit, die Husserl ‚Lebenswelt" nennt.

Das Kennzeichnende der zunächst als Naturwissenschaft sich ausbreitenden neuzeitlichen Wissenschaft liegt in ihrer abstrakten, von der tatsächlichen Wirklichkeit ursprünglicher Erfahrung absehenden Verfahrensweise. Das in ursprünglicher Erfahrung begegnende konkrete Vorkommnis – z. B. eine hier und jetzt blühende Blume – interessiert von vornherein nicht in seiner konkreten Gegebenheit sondern nur soweit es als „Fall" einer allgemeinen Gesetzmäßigkeit aufgefaßt werden kann. So hat man – um ein Beispiel Husserls zu wählen, das sich auf die neue Naturbetrachtung des Galilei bezieht, – „von vornherein nicht den freien Fall *dieses* Körpers im Auge, sondern das individuell Faktische ist *Exempel* in der ... Gesamttypik der anschaulichen Natur".[99]

Diese „methodische Objektivierung der anschaulichen Welt ... ergibt allgemeine Zahlformeln, die, einmal gefunden, anwendungsmäßig dazu dienen können, an den darunter zu subsumierenden Einzelfällen die faktische Objektivierung zu vollziehen. Offenbar drücken die Formeln allgemeine kausale Zusammenhänge aus, ‚Naturgesetze', Gesetze realer Abhängigkeiten in Form von

‚funktionalen' Abhängigkeiten von Zahlen. Ihr eigentlicher Sinn liegt also nicht in reinen Zusammenhängen von Zahlen (als ob sie Formeln in rein arithmetischem Sinne wären), sondern in dem, was die Galileische Idee einer universalen Physik ... als eine der wissenschaftlichen Menschheit gestellte Aufgabe vorgezeichnet hat[100] und was der Prozeß ihrer Erfüllung in der gelingenden Physik ergibt, als Prozeß der Ausbildung besonderer Methoden und durch sie geprägter mathematischer Formeln und ‚Theorien'."[101]

Es braucht kaum hervorgehoben zu werden, daß die hier angesprochene „Objektivierung" und Subsumierung sog. „Einzelfälle" ihre volle Problematik erst dort zum Vorschein kommen läßt, wo sie, wie neuerdings in der Pädagogik, auf menschliche Subjekte angewandt wird. Aus diesem Grunde erscheint uns diese radikale Reflexion auf eine zugrundeliegende Wirklichkeit oder Lebenspraxis als Sinnesfundament im Zusammenhang mit der Erziehungswissenschaft von besonderer Dringlichkeit und Aktualität.

Im unmittelbaren Lebensbezug erschließen sich sämtliche für menschliches Leben bedeutsamen Sinnstrukturen. Nur so viel Sinn, wie sich hier zeigt, kann in der Wissenschaft reflektiert werden. Soweit dieser Lebensbezug fehlt und zugehörige Erfahrung nicht gemacht wurde, dreht sich die Wissenschaft im Leerlauf. Die wissenschaftliche Reflexion mag besonders schnell – weil ohne Widerstände – ablaufen, wenn sie sich unbekümmert um solche Erfahrung nur um sich selbst dreht. In diesem Falle aber muß ihre Lebensbedeutsamkeit in Frage gezogen und ihr Ergebnis als bloße „Konstruktion" angesprochen werden – sine fundamento in re.

Die Nicht-Wissenschaft, nämlich die aller Wissenschaft vorausliegende Praxis, erscheint damit als Ort aller grundlegenden Erkenntnis. Im Gegensatz zu jeder wissenschaftlichen Systematisierung erscheint die Wirklichkeit in der Lebenspraxis „in ihren offen unendlichen Unbekanntheitshorizonten".[102] Hier bleibt, um ein Beispiel der Erziehung anzuführen, das Kind für den Erzieher stets eine nach allen Seiten offene Frage entgegen aller Schablonisierung und systematischen Endgültigkeit. Nur dort, wo die besagte Offenheit waltet, kann der Erzieher damit rechnen, der Wirklichkeit und nicht dem Produkt wissenschaftlicher Konstruktionen – oder schlimmer noch: einer beliebigen Ideologie – konfrontiert zu sein.

Die wissenschaftliche Theorie, die Husserl unter Bezugnahme auf Galilei speziell im Bereich der Physik untersucht, erscheint als „Ideenkleid" der im unmittelbar-konkreten Erleben erfahrenen Wirklichkeit. Die ursprüngliche lebensweltliche Erfahrung in ihrer Vielschichtigkeit und ihren „offen unendlichen Unbekanntheitshorizonten" wird dabei in bestimmter Hinsicht verengt, um die Voraussehbarkeit näher bestimmter, in Formeln gefaßter Vorgänge zu ermöglichen. Diese Art Vorgänge werden schließlich als die Wirklichkeit schlechthin ausgegeben. Wahrheit wird dann gleichbedeutend mit prognostischem Wissen. „Das Ideenkleid macht es, daß wir für *wahres* Sein nehmen, was eine *Methode* ist – dazu da, um die innerhalb des lebensweltlich wirklich Erfahrenen und Erfahrbaren ... möglichen *rohen Voraussichten* durch ‚*wissenschaftliche*' ... zu verbessern."[103]) Die Wirklichkeit in ihrer ursprünglichen Erfahrungsfülle wird dabei durch das Geflecht prognostischer Theorie „verkleidet".

Mit seinen hier angeführten Untersuchungen hat Husserl den fundamentalen Charakter der Lebenspraxis – und das heißt in unserem Zusammenhang: der Erziehungspraxis – begründet. Er hat damit eine Erkenntnis angebahnt, die Karl-Otto Apel als die große Entdeckung Heideggers bezeichnet, nämlich daß die Sinneröffnung aller Aussagenrichtigkeit vorangehe.[104]) Wisenschaftliche Aussagen sind nur innerhalb eines Systems aufgrund einer vorgefaßten Methode „richtig". Methoden und Systeme aber werden entworfen, um etwas in den Griff zu bringen. Das nicht in den Griff zu Bringende, aber möglicherweise gleichwohl „Wirkliche", wird damit bereits vom Ansatz her ausgeklammert, wenn nicht ausgeschlossen.

Solches Verfahren mag als rational bezeichnet werden. Es hat dann Rationalität im Sinne des begrenzten Verstandes, nicht der umfassenden Vernunft. Diese ist, wie Landgrebe zutreffend erläutert, „im tiefsten Grunde nicht das Vermögen des Entwerfens und Beherrschens, sondern das Vermögen des Vernehmens".[105]) Das von ihr „Vernommene" wird seit jeher in der weitesten Bedeutung als „Sinn" bezeichnet.

Wenn Apel für diese Sinneröffnung gleichwohl im einzelnen eine methodologische Rechtfertigung verlangt,[106]) so muß von der Sache her, um die es geht, Einspruch erhoben werden. Die hier anstehende Sache ist ein umfassender Sinn, der sich eröffnet, wo Erfahrung uneingeschränkt zur Geltung kommt. Ihn möchte Apel zwar gewährleistet wissen, ihn aber zugleich wissenschaftlicher Methode unterwerfen. Wenn aber nur der in wissenschaftlicher Methode erworbene und so gesicherte „Sinn" Anerkennung findet, wird ausgeschlossen, daß es tiefergreifende Erkenntnis gibt, die der Mensch spontaner Einsicht und kreativer Tätigkeit – wie etwa der Kunst – verdankt. Auf den Bereich der Erziehung bezogen hieße das: Es wird eine Erfahrung mit Kindern und eine von ihnen her motivierte gezielte „Erziehungs-Kunst" ausgeschlossen, die nicht in methodisch-gesichertem Verfahren gewonnen werden kann. Wenn jede Einsicht unter allen Umständen wissenschaftlicher Prüfung unterworfen werden muß, wird die Möglichkeit einer über wissenschaftliche Kategorien hinausreichenden Sinneröffnung verbannt und der Wahrheitsbegriff rationalistisch verengt.

Es kann als Ergebnis der wegweisenden Analysen Husserls gelten, daß die Priorität der Lebenspraxis vor der Theorie nicht nur die Zeitfolge betrifft, sondern ein logisches bzw. ontologisches Begründungsverhältnis anzeigt. Heideggers grundlegende Entdeckung betrifft die Weisen der Sinneröffnung innerhalb der Lebenspraxis. Danach erschließt sich die Wirklichkeit gerade in den Verhaltensweisen, die nicht erst von einer modernen Wissenschaftsauffassung, sondern bereits von führenden Richtungen traditioneller Philosophie und auch noch von Husserl als Kennzeichen subjektiver Befangenheit angesehen werden. Apel weist zurecht darauf hin, daß Husserl noch geleitet wird von der ungebrochenen Idee interessefreien Erkennens.[107]) Demgegenüber verweist Heidegger auf die fundamentale Bedeutung sowohl emotionaler „Beteiligung" wie praktischen Verhaltens für die Erkenntnis. Die herkömmliche Auffassung, wonach die Praxis ihre Würde der Theorie verdankt, die in ihr Anwendung findet, wird hier revidiert.

Das Handeln im Sinne praktischen Umgangs mit Dingen und Menschen besitzt danach einen ursprünglichen Erkenntniswert: „Je weniger das Hammerding nur begafft wird, je zugreifender es gebraucht wird, um so ursprünglicher wird das Verhältnis zu ihm, um so unverhüllter begegnet es als das, was es ist."[108]) Auf die Erziehungspraxis angewandt würde diese Grunderkenntnis besagen: Je weniger ein Kind nur theoretisch betrachtet wird, je intensiver der praktische Umgang mit ihm ist, um so ursprünglicher wird das Verhältnis zu ihm – das heißt: um so näher kommt es dem Ursprung, aus dem Erziehung ihre Anweisung empfängt. Mit anderen Worten: „Das ‚praktische' Verhalten ist nicht ‚atheoretisch' im Sinne der Sichtlosigkeit".[109]) Es bringt vielmehr überhaupt erst zu Gesicht, womit ich es „zu tun" habe.

Bei dem Verhältnis, das der Erziehung zugrundeliegt, handelt es sich um ein zwischenmenschliches. Das Kind begegnet nicht in der Weise des Hammers als „Zuhandenes", das „besorgt" wird, sondern in der Weise der „Fürsorge".[110]) Ein rein wissenschaftlicher – in diesem Falle: erziehungswissenschaftlicher Erkenntnisakt im Sinne eines „interessefreien" Betrachtens, muß demnach als defizienter Modus ursprünglicher Fürsorge verstanden werden. In ihm erscheinen Kinder nur noch in ihrem puren „Vorhandensein". In der Fürsorge als ursprünglichem Verhalten, das von den Eltern in der Regel vom Zeitpunkt der Geburt an immer schon vollzogen ist, zeigt sich mehr als nur das Vorhandensein von Kindern. Diese sind für den praktischen Erzieher im Unterschied zum Erziehungswissenschaftler nicht zunächst als „freischwebende Subjekte vorhanden... neben anderen Dingen".[111]) Das ursprüngliche Verhältnis ist umfassender: Das Kind wird von Anfang an erfahren als etwas, das in seiner Bedürftigkeit einen differenzierten Anspruch an den Erzieher stellt, den er schrittweise im Umgang mit dem Kind erfährt.

Für die Fürsorge als praktisches Verhalten gibt es nach Heidegger zwei extreme Möglichkeiten: „Sie kann dem Anderen die ‚Sorge' gleichsam abnehmen und im Besorgen sich an seine Stelle setzen, für ihn einspringen. Diese

Fürsorge übernimmt das, was zu besorgen ist, für den Anderen. Dieser wird dabei aus seiner Stelle geworfen, er tritt zurück, um nachträglich das Besorgte als fertig Verfügbares zu übernehmen bzw. sich ganz davon zu entlasten. In solcher Fürsorge kann der Andere zum Abhängigen und Beherrschten werden, mag diese Herrschaft auch eine stillschweigende sein und dem Beherrschten verborgen bleiben".[112]) In diesem Falle geht es nicht eigentlich um die Person oder die „Existenz" des Anderen als solche, sondern um die Sachen, die er zu besorgen hat.

Im anderen Falle, der allein Erziehung im positiven Sinn genannt zu werden verdient, geht man auf den Anderen, hier also das Kind, zu, „nicht um ihm die ‚Sorge' abzunehmen, sondern erst eigentlich als solche zurückzugeben. Diese Fürsorge, die wesentlich die eigentliche Sorge – das heißt die Existenz des Anderen betrifft und nicht ein *Was*, das er besorgt, verhilft dem Anderen dazu, in seiner Sorge sich durchsichtig und für sie frei zu werden".[113])

In einer so verstandenen Praxis erschließt sich Wirklichkeit in einem anderen Sinne als in theoretisierender Wissenschaft. Sie erschließt sich als sie selbst in ihrer Transzendenz: Transzendiert, überschritten, werden geläufige Meinungen und Schemata zugunsten eines für stets neue Erfahrungen offenen Horizonts. Erfahrung dieser Art ist nicht beschränkt auf die Bestätigung fixierter, in Formeln gefaßter Erkenntnis im Sinne des Experiments. Gemeint ist vielmehr ein Sich-Aussetzen uneingeschränkter Erfahrung, die dadurch gekennzeichnet ist, daß sie nicht beliebig handhabbar ist. Statt Vorhandenes, etwa die Fallgeschwindigkeit eines Körpers oder bestimmte psychische Reflexe ein für alle Mal zu konstatieren und in beliebig wiederholbaren Experimenten zu bestätigen, werden in solcher Erfahrung unvorhersehbare Aspekte aufgedeckt: die besondere Form und Färbung dieses Steins oder das besondere Verhalten dieses Kindes in dieser Situation einschließlich eines nicht abschließbaren offenen Horizonts. Es handelt sich um ein schlechthin umfassendes Erfahrungsfeld, das auch das Verborgene nicht ausklammert.

Die wissenschaftliche Theorie hat demgegenüber die Tendenz, einzugrenzen und zu fixieren. Auch sie hat es mit Praxis zu tun, aber eben mit einer bereits eingeschränkten. Dabei ist sie versucht, diese Einschränkung vergessend, nur das für sie Faßbare als „Wirklichkeit" gelten zu lassen. Heidegger hat das Kennzeichen moderner wissenschaftlicher Theorie deutlich gemacht mit dem Hinweis auf die Bedeutungsveränderung des griechischen Begriffs „theoria" in der lateinischen Übersetzung „contemplatio" und dessen schließlicher Übersetzung mit dem deutschen Wort „Betrachtung". Betrachten ist einerseits die Übersetzung für das griechische „theorein". Andererseits verweist die Etymologie dieses Wortes auf das Kennzeichnende des modernen Theoriebegriffs. Be-trachten ist eine Ableitung des Wortes „trachten", das auf das lateinische

Wort „tractare“ (= behandeln, bearbeiten) zurückgeht. Heidegger verweist in diesem Zusammenhang auf die Bedeutung des Wortes „trachten“ im Sinne von „sich auf etwas zu-arbeiten, es verfolgen, ihm nachstellen, um es sicher zu stellen. Demnach wäre die Theorie als Betrachtung das nachstellende und sicherstellende Bearbeiten des Wirklichen“. Er kommt zu dem Ergebnis: „Wissenschaft ist als Theorie im Sinne des Be-trachtens eine unheimlich eingreifende Bearbeitung des Wirklichen“. „Jede innerhalb eines Wissenschaftsgebietes auftauchende neue Erscheinung wird so lange bearbeitet, bis sie sich in den maßgebenden gegenständlichen Zusammenhang der Theorie einpaßt.“[114]) Als eingepaßt steht aber eine Erscheinung nicht mehr in einem offenen Erfahrungshorizont sondern in einer Systematik. Sie ist nur noch ein „Fall“ und das heißt die in beliebiger Wiederholung mögliche Bestätigung eines Allgemeinen.

Die Praxis, mit der es die Wissenschaft zu tun hat, ist eine Vielzahl von Fällen. Das für sie Bedeutsame ist nicht der einzelne „Fall“, sondern das Allgemeine oder das Gesetz. Selbst da, wo sie angewandte Wissenschaft ist und sich primär den einzelnen Fällen zuwendet, also in der medizinischen oder erziehungswissenschaftlichen Praxis, geht es nicht darum, das Kind in seiner Einmaligkeit und den zugehörigen unvorhersehbaren Möglichkeiten ernst zu nehmen, sondern es als „Fall“ zu bestimmen. Insofern solche „Fälle“ aber stets nur Ausschnitte aus einem nicht abgrenzbaren Feld gegebener Möglichkeiten sind, verweist diese Art von Praxis auf eine grundlegendere Praxis. Sie ist etwas anderes als diejenige, die in dem vielzitierten geläufigen Begriffspaar von „Theorie und Praxis“ gemeint ist. Wenn man in der Erziehungswissenschaft den grundlegenden umfassenderen Begriff von Praxis fallen läßt, entzieht man nicht nur der Theorie ihren Boden. Man verneint damit zugleich, daß ein Kind mehr ist als ein Fall, der sich subsumieren läßt. Der in diesem Kapitel durchgeführte Nachweis ist daher mehr als eine unter wissenschaftstheoretischem Gesichtspunkt möglicherweise wichtige Ergänzung. Es wurde versucht darzulegen, inwieweit das Kind dem verfügenden Zugriff der Wissenschaft entzogen ist. Damit aber sollte gezeigt werden, daß auch im wissenschaftlichen Zeitalter eine „Pädagogik vom Kinde aus“ noch vertretbar und notwendig ist.

Die Nichteinlösbarkeit der erzieherischen Aufgabe

Das Dilemma der Verwissenschaftlichung

Die anschwillende erziehungswissenschaftliche Literatur, die vorgibt, angebliche Lücken zu schließen, kann nicht darüber hinwegtäuschen, daß das Problem der Erziehung ungelöster denn je ist. Die „empfindlichen Lücken", die laufend aufgespürt und ausgefüllt werden, treten in der Regel innerhalb eines eng spezialisierten Feldes auf, das einzelne Wissenschaftler bearbeiten und als begrenzten Komplex zu „beherrschen" streben. Je begrenzter dieses Feld ist, um so eher ist damit zu rechnen, daß die auftretenden Probleme schließlich gelöst werden.

Andererseits ist es gerade die anwachsende Zahl von Spezialgebieten, die den Gesamtbereich der Erziehung immer unübersichtlicher werden läßt. Der Erziehungswissenschaftler ist mehr und mehr gezwungen, sein Arbeitsfeld und seinen Interessenhorizont auf ein Minimum zu beschränken, wenn er seine Behauptungen im einzelnen wissenschaftlich befriedigend belegen will. In dem Maße als er auf hinreichend ausgewiesene Erkenntnisse Wert legt, wird er sich einen Gesamtüberblick über den Bereich der Erziehung versagen.

Die hier angeführte Situation ist in den übrigen Wissenschaften nicht anders. Sie erscheint aber dort auch nicht in demselben Maße problematisch wie in der Erziehungswissenschaft. Der Naturwissenschaftler kann unbekümmert um einen Überblick über die Natur seine spezielle Forschung betreiben, da es hier lediglich darum geht, einzelne kausale Abläufe auf ihre Gesetzmäßigkeit hin zu erforschen. Die so gewonnenen Erkenntnisse können anschließend zu beliebigem Zweck technisch verwandt werden. Die Natur im ganzen ist ein für den Naturwissenschaftler relativ uninteressanter Gesamtkomplex, ein Abstraktum, von dem er ohne Gefahr für seine besondere Tätigkeit absehen kann.

Anders steht es in der Erziehungswissenschaft. Die Einzelforschung und ihre Anwendung ist dort nur insofern von Belang und im strengen Sinne eine erziehungswissenschaftliche, als dabei der Gesamtkomplex der Erziehung im Auge behalten wird. Der Erziehungswissenschaftler kommt also gar nicht daran vorbei, über Erziehung im ganzen nachzudenken, bevor er einen näher bezeichneten Beitrag dazu anbietet.

Erziehung ist im Unterschied zu dem großen Kausalzusammenhang „Natur" ein zweckbezogener Zusammenhang. Ohne Zweckbezug wäre jede Einzelforschung auf diesem Gebiet im strengen Wortsinne „zwecklos" und in diesem Sinne unbegründet. Wie das gesamte Feld, so ist auch jedes Einzelgebiet und dort wiederum jedes Einzelphänomen jeweils relativ auf ein anderes zweckgebunden. Je differenzierter aber das Gesamtforschungsfeld wird, um so unübersichtlicher werden die Bezüge.

Erschwerend kommt als weiterer Umstand hinzu, daß es die Erziehung im allgemeinen nicht gibt, sondern nur die Erziehung jeweils konkreter Individuen. Kinder als Individuen unterscheiden sich aber von anderen Naturdingen darin, daß sie nicht alle auf gleiche Art behandelt werden können – zumindest solange es als Ziel der Erziehung erscheint, der Individualität zur Entfaltung zu verhelfen und nicht sie zugunsten einer Uniformierung abzubauen.

Ein der Erziehungswissenschaft so eng benachbartes und mit ihr vielfach sich überschneidendes Gebiet wie die Psychologie ist inzwischen nur noch in den Grenzen jeweils enger Spezialisierung überschaubar. Die Erziehungswissenschaft wird in diesen Prozeß der Spezialisierung zunehmend mit hineingezogen. Das ist zunächst einmal schon insoweit der Fall, als erziehungswissenschaftliche Theorie pädagogische Psychologie einschließt. Diese ist für sich allein genommen schon nicht mehr überschaubar, da sie unterschiedliche Gebiete wie Entwicklungspsychologie, Lernpsychologie, Sozialpsychologie und Persönlichkeitspsychologie umfaßt. Soweit Erziehungswissenschaft auch die Fragen der Sozialisation einbezieht, ist sie andererseits in die verschiedenen Arbeitsgebiete der Soziologie mit hineingezogen.

Davon abgesehen droht die Erziehungswissenschaft noch einmal in sich selbst mit ihren fachspezifischen Gebieten zu einem kaum noch überschaubaren Komplex zu werden. Wieviele Erziehungswissenschaftler können noch mit gutem Gewissen sagen, daß sie sich beispielsweise sowohl auf dem Feld der Unterrichtstheorie und Medienpädagogik wie dem der Bildungstheorie und Bildungsplanung auskennen? Da die Erkenntnisse auf den einzelnen Gebieten nur verständlich sind im Rahmen einer zugehörigen wissenschaftlichen Methode, wäre es für einen notwendigen Überblick schließlich auch noch erforderlich, Methodologie bzw. Wissenschaftstheorie in ihren verschiedenen Verzweigungen zu kennen.

Wenn das Feld der Erziehung dem Gebiet der Erziehungswissenschaft entspricht, ist es schlechterdings für einen Einzelnen nicht mehr überschaubar. Es besteht die Gefahr, daß der einzelne Pädagoge sich weitgehend im Wust einer angelernten und im Grunde unverarbeiteten Begrifflichkeit und zugehörigen pauschalen Urteilen bewegt, für die er in keiner Weise einstehen kann. Für das aber, was man im Namen der Erziehung tut, muß man einstehen können. Das heißt: Es ist unabdingbar in der Erziehung, das was man tut, in einem Zusammenhang zu sehen.

Die hier gekennzeichnete Situation reicht inzwischen bis in den Bereich der elterlichen Erziehung. Die Eltern, die in der Regel ja keine Erziehungswissenschaft studiert haben, informieren sich zunehmend über Erziehungsfragen in eigens für sie geschriebenen Büchern. Diese Bücher behandeln in wachsendem Maße nur spezielle Bereiche der Erziehung. Viele Eltern lesen diese Bücher zwar mit Erfolg. Die wenigsten aber werden so viele spezielle Literatur lesen und verarbeiten können, daß der Gesamtbereich der Erziehung repräsentiert ist. Damit geht zunehmend der Sinn dafür verloren, daß Erziehung eine umfassende Angelegenheit ist, die unterschiedliche Gebiete wie Kreativität, soziales Verhalten, Verhältnis zur Natur, weltanschauliche Perspektiven, körperliche Betätigung und anderes mehr umfaßt. Wo daher das eine gefördert wird, wird in der Regel anderes vernachlässigt oder gar nicht gesehen.[115])

Das hier schlaglichtartig beleuchtete Dilemma könnte kaum kennzeichnender belegt werden als durch eine Feststellung von Hans Bokelmann, der zu dem Schluß kommt: „Der Begriff ‚Erziehung' ... wird zu einem formalen Sammelbegriff, der verschiedene inhaltliche Fragen zusammenfaßt, selbst aber kein homogenes Problemfeld mehr bezeichnen kann. Dies erklärt, warum in der jüngeren pädagogischen Diskussion der Begriff ‚Erziehung' kaum noch verwendet ... wird".[116]) Offensichtlich spürt man also bereits innerhalb der Erziehungswissenschaft, daß man dem Anspruch dessen, was bislang unter „Erziehung" verstanden wurde, nicht mehr entsprechen kann. Das heißt: vor einer Vielzahl von Methoden, Experimenten und Einzelerkenntnissen gerät Erziehung als Gesamtaufgabe immer mehr aus dem Blick. Damit aber entfällt zugleich eine Verantwortung angesichts dieser Gesamtaufgabe. Es kann dann nur noch darum gehen, daß in dieser oder jener Richtung „etwas getan" wird, ohne zu fragen, was das angesichts der Gesamtaufgabe in letzter Konsequenz bedeutet.

Der Stückelung dessen, was man bislang mit „Erziehung" bezeichnete, entspricht eine Stückelung dessen, dem diese Erziehung galt: des Kindes. Es wäre daher konsequent, wenn die Erziehungswissenschaft auch den Begriff des Kindes zugunsten genauer zu präzisierender Teileinheiten allmählich aus dem Verkehr zöge. Aber das ist, so glauben wir unsererseits sagen zu können, inzwischen auch bereits weitgehend geschehen. Im Sinne der Wissenschaft handlichere Einheiten sind an die Stelle des „Kindes" getreten. Man hat sich daran gewöhnt, von Rollen zu sprechen, die sich zu bestimmten Komplexen verbinden. Ein Komplex dieser Art ist wissenschaftlich leicht zu analysieren, da die einzelnen Bestandteile generalisierbare und definierbare Größen sind.

Eine solche Analyse hat indessen ihre prekäre Seite: Über die so gewonnenen „objektiven" Bestandteile gelangt man niemals zu der grundliegenden Einheit, die man als „Subjekt“ zu bezeichnen pflegt. Alles objekthaft Gegebene ist nach quantifizierender Methode in jeweils kleinere Einheiten zerlegbar, die mehr oder weniger exakt bestimmbar sind. Das was man Subjekt nennt, ist dagegen nicht zerlegbar. Ein Subjekt ist nicht identisch mit der Summe seiner Teile und daher auch nicht in analytischen Verfahren zu erfassen. Die empirischen Einzeldaten können auch niemals einen Weg definieren, auf dem dieses Subjekt zu seiner Bestimmung gelangt. So geht im Zuge der Verwissenschaftlichung der Erziehung dasjenige unter der Hand verloren, was man einer perfekten Lösung entgegen zu führen versucht: das Subjekt der Erziehung.

Wenn in der erziehungswissenschaftlichen Diskussion aus verständlichen Gründen der Begriff „Erziehung“ kaum noch verwandt wird, so erschiene es weiterhin konsequent, auch noch den Namen Erziehungswissenschaft aufzugeben. Daran hat bis zur Stunde offensichtlich noch niemand gedacht. Man insistiert noch darauf, innerhalb der sogenannten erziehungswissenschaftlichen Disziplin pädagogische Einzelfragen zu behandeln. Man macht sich indessen nicht hinreichend klar, daß es nur so lange sinnvoll ist, von spezifisch pädagogischen Fragen zu sprechen, als noch Erziehung als ein innerer Zusammenhang begriffen wird.

Dieser Zusammenhang wird innerhalb der Didaktik mit der Forderung nach einem obersten umfassenden Lernziel intendiert. Auf dieser Forderung bestehen insbesondere die Vertreter der emanzipativen Pädagogik. Wie bereits im einzelnen gezeigt wurde, versucht man aber zugleich, alle Erziehungs- und Lernprozesse im Hinblick auf ein solches übergreifendes Lernziel wie „Emanzipation“ verfügbar zu machen. So läuft diese Forderung, die ein Auseinanderfallen der einzelnen Forschungsbereiche und ihrer praktischen Anwendungsfelder im Bildungswesen verhüten möchte, auf die vielzitierte Operationalisierung der Lernziele hinaus. So weit sie das anstrebt, identifiziert sich die Emanzipationspädagogik, entgegen aller anderslautenden Beteuerung, mit der soeben gekennzeichneten Wissenschaftsauffassung. Danach wird die Handhabung erzieherischer Prozesse betrieben, weil man davon überzeugt ist, daß menschliches Verhalten planbar ist.

Dem muß entgegengehalten werden: ein Bildungs- und Erziehungsentwurf ist nicht schon deshalb *nicht* technokratisch, weil die zu erreichende Endstufe Emanzipation genannt wird. Wer Emanzipation und Autonomie fordert, aber technokratische Denkmuster bevorzugt, von „Strategien“, „strategischen Konzepten“ und „Konstruktionsprozessen“ im Bereich der Bildung redet, sowie „Analyseergebnisse“ für solche „Konstruktionen“ für ebenso „unerläßlich“ hält wie zugehörige „hypothetisch unterstellte Konstruktionsprinzipien“[117]), vertritt die hier gemeinte Verwissenschaftlichung. Er bestätigt – möglicherweise wider Willen – die Feststellung Theodor Litts, daß „das Vermögen abhanden kommt, zu unterscheiden zwischen denjenigen Sphären des Planens und Operierens, denen das technische Schema gemäß ist, und denjenigen Daseinsbereichen, die in Unordnung gebracht, ja um ihren eigentlichen Sinn betrogen werden müssen, wenn ihnen das gleiche Schema appliziert wird."[118])

In diesem Zusammenhang findet sich bei Theodor Litt eine Erkenntnis, die geeignet ist, die Erfolge in Frage zu stellen, die die Bildungs- und Erziehungsplaner von einer Endlösung der Bildungsreform erwarten. Ob eine solche Systematik überhaupt befriedigend gelingt, steht allerdings nach Auffassung des hier führenden Experten Saul B. Robinsohn noch sehr in Frage.[119]) Alle die die Ursache für das Ausbleiben des erstrebten Erziehungserfolgs vornehmlich in einer unzulänglich betriebenen integrativen Bildungspolitik sehen, sollte zu denken geben, daß im Bereich der Erziehung der Zweck nicht am Ende als Effekt der auf ihn hinarbeitenden Maßnahmen herausspringt.[120])

Die maßgeblichen Theoretiker innerhalb der Erziehungswissenschaft sehen heute zufriedenstellende Erziehungserfolge in erster Linie gebunden an eine Perfektionierung der Bildungsplanung. Sie gilt dann als erreicht, wenn alle zur Zeit noch divergierenden erziehungswissenschaftlichen Erkenntnisse mittels einer Superwissenschaft in einem möglichst lückenlosen Verbundsystem auf einen letzten Zweck hin koordiniert sind.

Hier wiederholt sich in unseren Tagen der auf Wissenschaftsgläubigkeit beruhende Fortschrittsoptimismus des Aufklärungszeitalters. Im 18. Jahrhundert hatte man schon einmal in einem alle Lebensbereiche erfassenden Kalkül die Garantie für eine positive Entwicklung des Menschen gesehen. Die Verbindung von politischem und technischem Kalkül führte zur Erfindung und Rechtfertigung der Guillotine im Namen eines angeblich gesicherten Fortschritts zum Wohl des Menschen. Durch exaktes Wissen und seine Umsetzung in die Praxis glaubte man das Risiko,. das in jeder nicht gesteuerten Entwicklung liegt, ausschließen zu können.

Die Erziehungswissenschaft ist auf Grund fortgeschrittenen Wissens auf dem besten Wege, einer solchen Versuchung zu erliegen. „Ein Zeitalter, dem die technische Form des Denkens und Handelns so in Fleisch und Blut übergegangen ist wie dem unsrigen, unterliegt nur zu leicht der Versuchung, die im technischen Bereich sich rein herausgestaltende Relation ‚Mittel–Zweck' als ein Schema des Denkens und Handelns anzusehen, dem *alles,* was der Mensch nur immer sich vornehmen und angreifen mag, zu unterstellen sei."[121]) Der in dem angeführten Zitat genannten Tendenz zu steuern, hielt sein Autor vor 20 Jahren noch für die vordringliche Aufgabe der Pädagogik. Er konnte damals noch nicht ahnen, daß sich diese Tendenz wenig später auch dieser Disziplin bemächtigte, ja in ihr sogar ihre eifrigsten Verfechter fand.

Unter den gegenwärtigen in der Bildungspolitik verantwortlich tätigen Wissenschaftlern hat das hier auftauchende aktuelle Erziehungs- und Bildungsproblem niemand deutlicher gesehen und artikuliert als Hermann Krings. Als Vorsitzender des Deutschen Bildungsrats hat er im Namen der allerorts beschworenen Mündigkeit eindringlich vor den Folgen einer Verplanung von Erziehung und Bildung gewarnt. Er sieht die Gefahr wissenschftlicher Verplanung in Gestalt der Operationalisierung der Lernziele in beiden Lagern heraufziehen: bei den reinen Empirikern im Hinblick auf Minimalisierung, bei den Emanzipationstheoretikern im Hinblick auf eine nicht minder gefährliche Maximierung der Ziele. Gerade die von den letzteren zurecht besonders betonten obersten Ziele wie Mündigkeit oder Autonomie, die unter dem Gesichtspunkt der Humanität auch als die dem Range nach höchsten zu gelten haben, entziehen sich, so meint er, am entschiedensten einer Operationalisierung. Mit anderen Worten: die Gesichtspunkte, die in der Erziehung am nachdrücklichsten Gehör verdienen und daher zu Recht gegen „Positivisten" und „Technokraten" ins Feld geführt werden, verlangen andererseits äußerste Zurückhaltung hinsichtlich einer rationalistischen Bildungsplanung und zugehöriger Erfolgskontrolle. „Der Versuch einer Positivierung des Geistes in einen Plan", so argumentiert Krings, „wird den Geist ebenso austreiben wie die Restriktion des Planes auf das bloß Funktionale".[122])

Nirgendwo zeigt sich deutlicher als hier das Dilemma der Erziehungswissenschaft. Die Forderung, daß alle Erziehungsvorgänge und -ziele dem wissenschaftlichen Anspruch auf vollkommene Rationalisierung und Planbarkeit genügen sollen, steht im Widerspruch zur Bestimmung des Menschen als einer frei sich entfaltenden Person, die auf keinen Nenner zu bringen ist, es sei denn um den Preis ihrer selbst. Es mag Bereiche geben, in denen so etwas wie ein Plansoll ohne große Gefährdung der inneren Entwicklung erzielt und auch gefördert werden kann. Krings nennt als derartige Lernziele: gewisse Kenntnisse und Fertigkeiten sowie funktionsbezogene normative Orientierungen wie Sorgfalt und Pünktlichkeit, die fixierbar, nachprüfbar und insoweit auch operationalisierbar sind. Aber diese begrenzte Möglichkeit der Operationalisierung legt andererseits die Gefahr der oben genannten „Restriktion des (Bildungs)plans auf das bloß Funktionale" nahe. Die Gefahr, die von anderer Seite droht, ist in der Tat, daß „rangniedere Lernziele allein deswegen ein Übergewicht gegenüber ranghöheren erhalten, weil sie operationalisierbar oder doch annähernd operationalisierbar sind."[123])

Dieter Lenzen stellt in einer Untersuchung gegenwärtig praktizierter Ansätze der Curriculumkonstruktion fest, daß tatsächlich Praktikabilitätserwägungen dieser Art bei Curriculumentscheidungen eine bedeutsame Rolle spielen. Das zeige sich in der Vernachlässigung affektiver Lernziele. Damit aber erhalte die operationale Definition normativen Charakter.[124]) Man müßte wohl noch grundsätzlicher als es hier geschieht sagen: daß ein bestimmtes Verständnis von Wissenschaft, das seinerseits die Operationalisierbarkeit des sog. „Erziehungsprozesses“ fordert, normativen Charakter gewinnt. Dieser Vorgang wird in unserem Zusammenhang mit Verwissenschaftlichung umschrieben. Es gehört mit zum Dilemma dieses Vorgangs, daß der nicht verdächtig erscheinende Anspruch auf Wissenschaftlichkeit, der „Objektivität“ zu verbürgen scheint, zugleich diese verhängnisvolle, weil die Wahrheit verkürzende, Normativität verschleiert.

Erziehung als umfassende Einheit

Erziehung hat die Aufgabe, einen Menschen dazu zu befähigen, der Welt, in der er lebt, gerecht zu werden, d.h. dem, was auf ihn zukommt, so weit wie möglich gewachsen zu sein. Dieses „auf ihn zu Kommende“ ist zunächst eine Vielzahl von Vorkommnissen, die im einzelnen unüberschaubar sind. Insofern kann mit einem gewissen Recht von der „Zufälligkeit“ der konkreten Lebensumstände gesprochen werden. Zufälligkeit besagt hier so viel wie: Unvorhersehbarkeit der noch anstehenden Erfahrungen mit bestimmten Menschen und Dingen, angesichts derer sich der Heranwachsende angemessen verhalten soll.

Auf der anderen Seite deuten bereits gewisse Grundbegriffe der Sprache darauf hin, daß der Mensch dieses unübersehbare Erfahrungsfeld dennoch als ein zusammenhängendes Ganzes begreift. Der Begriff „Welt“ bezeichnet die Gesamtheit des Erfahrbaren, oder noch genauer: das Erfahrbare als eine Gesamtheit. Für unsere Frage nach der Erziehung als umfassender Einheit ist es von grundlegender Bedeutung zu wissen, inwieweit die Einheit „Welt“ etwas ursprünglich Erfahrenes ist und inwieweit es sich hier um einen Vorgriff auf zukünftige Erfahrung handelt; denn Erziehung als Einheit kann nicht losgelöst von jener anderen Einheit gesehen werden, die wir Welt nennen. Wenn Erziehung, wie wir oben sagten, den Menschen befähigen soll, der Welt, in der er lebt, gerecht zu werden, so schließt sie das Erfahrungsfeld Welt ein. Insofern Welt etwas schlechthin Umfassendes ist, ist es folglich auch die Erziehung, die auf diese Welt ausgerichtet ist.

Wenn gefragt wird, *inwieweit* Welt etwas ursprünglich Erahrenes ist und *inwieweit* es sich bei diesem Begriff nur um einen Vorgriff auf noch Ausstehendes handelt, soll vom Ansatz her die Ausschließlichkeit einer Alternative vermieden werden. Es erscheint ebenso offensichtlich, daß das Kind immer schon innerhalb eines Erfahrungszusammenhangs steht, den es als Welt versteht, wie es andererseits noch ausstehende und nicht vorhersehbare Erfahrung erwartet. Im folgenden sollen die Konsequenzen bedacht werden, die sich damit ergeben: sowohl für die Möglichkeit der Erziehung wie auch für die Unmöglichkeit, sie zu Ende zu bringen.

Erziehung wäre nicht möglich ohne die gemeinsame Basis zwischen Erzieher und Zögling, die in dem gemeinsamen Weltverständnis liegt. Erzieherisches Einüben und Lehren setzt eine Verständigungsbasis voraus. Diese Verständigungsbasis umfaßt alles das, was der, der erzogen wird, immer schon verstanden hat bevor irgendeine „Schulung" einsetzt. Das aber, was dergestalt vorgängig immer schon verstanden wurde, ist die Erfahrung, die ein Kind gemacht hat: Es hat Menschen und Dinge in seiner Umgebung als solche wahrgenommen. Der Erziehende kann gar nichts anderes tun, als an solche voraufgegangene Wahrnehmung anknüpfen. Wahrnehmung und Erfahrung bezeichnet den Bereich des Wissens, der nicht gelehrt und gelernt werden kann. Dieser „Wissensbereich" aber ist zugleich der aller Erziehung vorangehende.[125])

Wird dieser Bereich nicht hinlänglich bedacht, so ist das folgenreich für die Erziehungspraxis: Es führt zu einer Überschätzung der Erzieher-Funktion, indem das für das Menschsein des Kindes Bedeutsame mehr oder weniger ausschließlich dem durch Erziehung Vermittelten zugeordnet wird. Die Omnipotenz, auf die die Erziehungswissenschaft im Erziehungsbereich hinarbeitet, deutet u.a. auf eine Unterschätzung – wenn nicht sogar Unterschlagung – des hier angesprochenen Bereichs hin.

Es ist das Verdienst Heideggers, aufgewiesen zu haben, daß mit dieser aller erzieherischen Einflußnahme vorgängigen Erfahrung immer schon ein Gesamtzusammenhang entdeckt und erfahren ist, den ein fortgeschrittenes Bewußtsein mit dem Begriff „Welt" umschreibt. Danach ist *vor* allem erzieherischen Einwirken, insbesondere vor jeder rationalen Schulung, so etwas wie Welt entdeckt. Diese Entdeckung vollzieht sich in vielfältigen, vornehmlich praktischen Verhaltensweisen: im Zutunhaben mit etwas, im Verwenden von etwas, im Erkunden, Betrachten und anderen Vollzügen,[126]) die vor und unabhängig von aller Erziehung stattfinden. Die Weichheit oder Härte, das Runde oder Kantige, sowie die Farbe bestimmter Gegenstände „bedeutet" dem Kind immer schon etwas.[127]) Welt aber ist nichts anderes als der jeweils gegebene Bedeutungszusammenhang, in dem sich auch das Kleinkind immer schon bewegt vor allen vom Erzieher gegebenen Anweisungen und Erklärungen. „Worin Dasein in dieser Weise sich je schon versteht, damit ist es ursprünglich vertraut. Diese Vertrautheit mit Welt verlangt nicht notwendig eine theoretische Durchsichtigkeit der die Welt als Welt konstituierenden Bezüge."[128])

Erziehung und Unterricht sind dann als Weg zu verstehen, das immer schon Erfahrene bewußter zu machen, um so die Möglichkeit zu einem angemessenen Verhalten herbeizuführen. Erziehung als umfassende Einheit sieht sich als solche zurückverwiesen auf einen vorgängigen Bedeutungszusammenhang, in dem sowohl Zögling wie Erzieher immer schon stehen und den sie – wenn auch in einem unterschiedlichen Grad von Bewußtheit – auch verstehen. Dabei handelt es sich um ein im Ansatz gemeinsames Verstehen von Welt als einem „Strukturganzen" innerhalb dessen individuell unterschiedliche Einzelerfahrungen gemacht werden. Zu dieser gemeinsamen Weltstruktur gehört als grundlegendes Moment beispielsweise die Erfahrung von Menschen einerseits und Dingen andererseits.

Das Einheit stiftende Moment in diesem Strukturganzen aber ist der Mensch, dem alles, was ihm begegnet, etwas bedeutet. Das Strukturganze ist dann nichts anderes als die hierarchische Zuordnung alles weltlich Begegnenden auf den Menschen. Erziehung – so gesehen – hat zunächst die Aufgabe, diese Zuordnung bewußter zu machen. Darüberhinaus aber fällt ihr die Aufgabe zu, den Menschen als Bezugspunkt durchsichtig zu machen. Damit kulminiert sie in der Frage, wer der Mensch ist.

Das Kind hat sich von Anfang an – also auch bereits als Kleinkind in einem vorreflektiven Stadium – immer schon verstanden, und zwar in seinem Tun: indem es dieses oder jenes will und ergreift und in solchen Willensakten und zugehörigen Handlungen sich selbst erfährt. In dem Augenblick aber, wo ein Mensch – sei es nun als Kind oder auch als Erwachsener – diese Frage, wer er ist, in der Reflexion zusammenfassend beantworten soll, sieht er sich überfordert. Damit werden wir bereits in ganz bestimmtem Sinne hingewiesen auf die Uneinlösbarkeit der erzieherischen Aufgabe. Soweit diese darin besteht, dem Menschen dazu zu verhelfen, seine volle Identität zu gewinnen, ist sie nicht einlösbar, wenn diese Identität nicht endgültig bestimmbar ist.

Bevor wir diesem Problem im Zusammenhang mit gegenwärtig angebotenen Lösungsversuchen noch genauer nachgehen, soll die Uneinlösbarkeit der Erziehung zunächst noch in einer zweiten auch bereits andeutungsweise markierten Hinsicht herausgestellt werden. – Erziehung, so wurde zu Beginn gesagt, will den Menschen befähigen, nicht nur sich selbst zu vollenden sondern zugleich der Welt, in der er lebt, gerecht zu werden. Diese Welt ist aber nicht nur das Strukturganze einer aller Erziehung vorausliegenden Grunderfahrung. Die Welt, in der das Kind lebt, ist zugleich das Feld je individuell zu machender „zufälliger" Einzelerfahrung, die dem Menschen jeweils unterschiedliches abfordert. In dieser Hinsicht ist Welt auch die Gesamtheit des noch Unvorhersehbaren, das in jeweils besonderer Weise mit dem Anspruch auftritt, ihm gerecht zu werden. Dazu gehören bestimmte geschichtlich bedingte politische Entscheidungen ebenso wie Entscheidungen angesichts konkreter menschlicher Schicksale, mit denen der einzelne Mensch im Laufe seines Lebens konfrontiert wird.

Erziehung und Unterricht kann immer nur von bestimmten jeweils gegebenen oder angenommenen Geschehnissen ausgehen und auf entsprechende andere vorbereiten. Sie kann aber niemals alles im späteren Leben sich Ereignende im voraus hinlänglich bedenken. – Das hier angesprochene Problem tut sich erst dann auf, wenn der oben entwickelte umfassende Praxisbegriff zugrundegelegt wird. Die empirische Wissenschaft legt für das, was sie unter Praxis versteht, wie bereits dargelegt wurde, ein methodisches Schema zugrunde, demzufolge es nur „Fälle", d.h. beliebige Wiederholungen bestimmter definierter Sachverhalte gibt. Wo andererseits die Geschichte nur als Beispielarsenal für eine politisch-gesellschaftliche Typologie erscheint, können ebenfalls keine im Prinzip unvorhersehbaren geschichtlichen Situationen auftreten.

Die hier angesprochene Uneinlösbarkeit der Erziehung ist nicht gänzlich zu trennen von dem zuvor genannten Identitätsproblem. Man muß davon ausgehen, daß der Mensch seine Identität immer nur im Zusammenhang mit seinen jeweils konkreten Lebensaufgaben gewinnen kann. Das ist einer der Hauptgründe, warum es kein für jeden verbindliches sog. Menschenbild geben kann. Was ein Mensch ist, kann nur immer wieder von neuem in einer nicht abschließbaren Kette von Erfahrungen andeutungsweise gefunden werden.

Die Wissenschaft gibt zwar Antworten auf die Frage, was der Mensch ist. Diese Antworten sind aber nur, worauf u.a. Hartmut von Hentig nachdrücklich hingewiesen hat, in strenger methodischer Einschränkung möglich:[129]) Die Wissenschaft kann sagen, was der Mensch als biologisches Wesen ist oder als homo sociologicus. Damit aber gibt sie immer nur Teilantworten. Lediglich in Anwendung solcher streng definierbarer Teilantworten sind auch spezielle Handlungsanweisungen möglich, etwa für den Mediziner, der einen Kranken behandelt.

Anders sieht die Sache für einen Pädagogen aus, der einen jungen Menschen nicht in einem Teilbereich „behandelt", sondern ihn als Ganzes zu fördern versucht. Er kann nur insoweit über fixierbare technische Handlungsanweisungen verfügen, als er sich damit begnügt, das Kind aus der Perspektive wissenschaftlicher Teilbereiche, also etwa als homo sociologicus zu sehen. Die Vertreter der Emanzipationspädagogik versuchen indessen, die auf empirisch-wissenschaftlicher Grundlage entwickelten Techniken zu einem geschlossenen Zweck-System zu verbinden.[130]) Wenn aber v. Hentig mit seiner Behauptung, der wir zustimmen, recht hat, daß die jeweils isolierten Antworten einzelner wissenschaftlicher Disziplinen nur unter Preisgabe der Beweisbarkeit zu einem System zu vereinigen sind,[131]) ist eine solche Systembildung zum Zwecke einer Gesamterziehung des Kindes nur auf ideologischer Basis möglich.

Erziehung im ursprünglichen und umfassenden Sinn, d.h. nicht eingeschränkt auf die Ausbildung spezieller Fähigkeiten, ist mithin ein stets offenbleibendes Unternehmen. Die von Paulo Freire dargestellte „problemformulierende Bildung“ kommt dieser Auffassung von Erziehung sehr nahe.[132]) Sie umfaßt beide nicht voneinander trennbare Aspekte: die Selbstwerdung des Menschen und die Aufgabe, einer ihn herausfordernden Wirklichkeit gerecht zu werden. „Die problemformulierende Bildung bestätigt den Menschen als Wesen im Prozeß des Werdens – als unvollendetes, unfertiges Wesen in und mit einer gleicherweise unfertigen Wirklichkeit.“[133]) Wenn die menschliche Wirklichkeit insgesamt als unfertig begriffen wird, kann die Erziehung, die zu dieser Wirklichkeit hinführen will, nicht in die Versuchung kommen, den Schüler „fertig zu machen“. Als ihre Aufgabe erscheint vielmehr die „Provokation des Zöglings zur Selbstbestimmung“.[134])

Das situative Moment, auf dem hier der besondere Akzent ruht, steht im Gegensatz zu einer ein für alle Mal gegebenen Bestimmung des Menschen. Dieses situative Moment ist das Geschichtliche, das jedes menschliche Dasein prägt und von ihm wieder Impulse empfängt. In dem politischen Zusammenhang der Völker ist es das Moment der Zeitgeschichte, im konkreten Leben des Einzelnen das der Lebensgeschichte. So sehr es sich dabei um ein zusammenhängendes Geschehen handelt, so wenig ist es abgeschlossen und definierbar. Es ist kennzeichnend, daß eine problemformulierende Bildung von dieser Geschichtlichkeit ausgeht. Wenn die Wirklichkeit, in der der Mensch steht, als geschichtliche gesehen wird, heißt das immer, daß dasjenige, woraufhin erzogen wird, nicht ganz greifbar ist. Der Situation von morgen zu entsprechen, bleibt der Selbstbestimmung des heute Erzogenen vorbehalten. Das „Notwendige“ kann erst erkannt und getan werden, wenn die spezifische „Not“, d.h. die Situation, um die es geht, da ist. Erziehen im umfassenden Sinne würde dann heißen: für das Vor-Augen-Liegende, das sich in immer neuen Perspektiven zeigt, Offenheit und Sensibilität wecken.

Alle umfassenden Zielsetzungen der Erziehung, wie Freiheit oder Emanzipation, bleiben demgegenüber abstrakt. Sie können nicht von der Aufgabe entlasten, das hier und jetzt Erforderliche erst aufzufinden. Wo dagegen im Namen solcher allgemeinen Zielsetzungen konkrete Handlungsanweisungen als zwingend ausgegeben werden, werden Freiheit und Emanzipation zu einer Doktrin, die ihrem ursprünglichen Sinn zuwiderlaufen und den Menschen verknechten. Freiheit und Emanzipation sind, für sich genommen, apriorische, d.h. aller Erfahrung vorausliegende und daher für alle mögliche Erfahrung geltende Ideen. Es ist aber nicht festzulegen, was im Laufe geschichtlicher Entwicklung jeweils im Namen der Freiheit geschehen soll. Es muß als bleibendes Ergebnis der Kantischen Vernunftskritik gelten, daß solche Begriffe oder Ideen der reinen Vernunft, die dem berechtigten Anliegen des Menschen auf eine abschließende Beurteilung der Wirklichkeit zu entsprechen suchen, im Bereich der Erfahrung keine abschließende Lösung bringen. Sie zeigen eine Richtung für das Denken und praktische Handeln an, aber sie definieren keinen konkreten Endzustand.

Ihre positive Bedeutung für eine umfassende Erziehung, die weder der Planlosigkeit noch ideologischer Verfestigung verfallen dürfte, hat Ludwig Kerstiens treffend umschrieben: „Freiheitsorientierte Erziehung ist ... ein Modell, das die Funktion einer regulativen Idee haben kann. An einer solchen Idee werden dem Erzieher die eigenen Fehler und Grenzen bewußt. ... Die Idee ist ein kritisches Instrument zur Beurteilung von Erziehungspraktiken, Ratschlägen, pädagogischen Institutionen, um zu unterscheiden, was an ihnen bejaht und aufgenommen werden kann, was andererseits abzulehnen ist. Die Idee freiheitsorientierter Erziehung ist zugleich heuristisches Instrument, um Erziehungsalternativen zu entdecken.“[135]) Wo die Ideen von Freiheit, Mündigkeit oder Emanzipation aber mit einem bestimmten Erziehungsmodell identifiziert werden, handelt man sich ein angeblich umfassendes Erziehungsprogramm um den Preis der Ideologisierung und Doktrinierung ein.

Das Problem der Identitätsfindung

Am Ende dieses Buches ist kritische Rechenschaft zu geben über das sich durchziehende Leitmotiv der vorangegangenen Untersuchung und der eigene Ansatz auch in seiner Problematik zur Sprache zu bringen. Andernfalls würde sich die hier vorgelegte Kritik selbst den Vorwurf einhandeln, ideologisch befangen zu sein und die Wirklichkeit zu verkürzen.

Leitender Gesichtspunkt für diese pädagogisch orientierte Arbeit war die Identitätsfindung. Es erscheint als grundlegender Anspruch an alle Erziehung, dafür Sorge zu tragen, den betreffenden Menschen als den voll in Erscheinung treten zu lassen, der er ist. Zielbestimmungen wie Mündigkeit, Autonomie und Emanzipation sind selbst noch begründungsbedürftig. Sie müssen sich noch einmal ausweisen vor der letzten Frage, ob und inwieweit sie dazu angetan sind, den betreffenden Menschen zu sich selbst kommen zu lassen. So gesehen, gesteht man allerdings zu, daß der Mensch unter einem letzten Anspruch steht, angesichts dessen sein momentaner Zustand als noch unzureichend erscheint. Ohne solche Differenz von Anspruch und Realität wäre indessen Erziehung auch nicht denkbar.

Ein derartiger Anspruch gerät nur allzuleicht in das Fahrwasser der Ideologie, wenn er nämlich aus einem wie immer vorgegebenen Idealbild vom Menschen abgeleitet wird. Diese hier ausdrücklich ausgeschlossene Möglichkeit wurde von mir unter dem Titel „Menschbild als Ideologie" in einer oben bereits zitierten Abhandlung behandelt. Auf die dort angeschnittene Problematik möchte ich hier noch einmal Bezug nehmen. Ein Menschenbild als metaphysischer Entwurf muß danach, wie ich zu zeigen versuchte, als Relikt einer heute nicht mehr möglichen Welt- und Menschenerfahrung angesehen werden. Es erscheint, ganz gleich in welcher Form, als erfahrungsfremde Doktrin. In diesem Punkte können wir uns Otto Friedrich Bollnow anschließen, der zu verstehen gab, die Pädagogik müsse „die Forderung nach einem zugrundeliegenden Menschenbild als unangemessen zurückweisen" und zu dem Schluß kam: „Wir sprechen, um diese Verhältnisse zu bezeichnen, von einer grundsätzlichen Bildlosigkeit in bezug auf den Menschen, die es mit voller Klarheit anzuerkennen gilt."[136])

Der Anspruch, unter den das zu erziehende Kind gestellt ist, muß vielmehr losgelöst von aller metaphysischen Hypostasierung gesehen werden. Es handelt sich um eine je spezifische Lebensmöglichkeit, die sich erst schrittweise zeigt auf dem Wege der Selbsterfahrung bzw. der Miterfahrung, die der Erzieher als Partner und Begleiter des Kindes macht. Alle vorgängige Verfügung über einen angeblich endgültigen Weg der Selbstverwirklichung des Kindes muß als das krasse Gegenteil dessen angesehen werden, als was sie ausgegeben wird, nämlich als Vereinnahmung des Kindes; denn die angestrebte Identität ist nicht für jedes Kind ein und dieselbe, sondern nimmt, der Anlage und den Lebensumständen entsprechend, unterschiedliche Formen an. Es kann weder einen ein für alle Mal garantierten Weg der Selbstverwirklichung geben noch standardisierte Erziehungswege, die jene zu fördern hätten.

Identitätsfindung bleibt aber noch aus einem weiteren, tieferen Grunde ein unbewältigtes Problem. Die Vollendung oder Erfüllung seines Lebens, zu der der Mensch unterwegs ist und die Erziehung zu fördern sucht, erscheint von Grund auf in Frage gestellt, wenn die in seiner Anlage vorfindlichen Kräfte nicht einer Vereinigung zustreben, sondern im Gegenteil auseinanderstreben. In diesem Falle wäre es gerade das Zeichen einer Entwicklung zur Mündigkeit hin, wenn ein Mensch im Laufe seiner Entwicklung in erhöhte innere Auseinandersetzungen gerät. Man pflegt es als Zeichen des in der Pubertät fortschreitenden Selbstbewußtseins anzusehen, wenn ein Mensch die in ihm auftretenden widerstrebenden Kräfte im vollen Ausmaß erfährt. Umgekehrt gilt dem Erwachsenen gerade die frühe Kindheit als ein noch paradiesähnlicher Zustand, weil diese auseinanderstrebenden Kräfte noch kaum in Erscheinung treten. Ein aufmerksamer Erzieher wird aber diese Auffassung kaum teilen können; denn es wird ihm nicht verborgen bleiben, daß der angedeutete innere Zwiespalt nur dem Bewußtsein des Kindes weitgehend entzogen ist. Im Unterbewußtsein ist es ihm daher um so mehr ausgeliefert.

Das Problem der Identitätsfindung wird auf sekundäre Sachverhalte verlagert und verharmlost, wenn man glaubt, die Entzweiung des Menschen auf äußere Verhältnisse zurückführen zu können, die in Wahrheit selber Ausdruck dieser menschlichen Befindlichkeit sind. Sie ist weder durch eine Verhaltenstechnologie nach Skinner'schem Muster noch durch eine politische „Ordnung“ im Sinne des Marxismus heilbar.

Der späte Theodor Litt hat die Pädagogik auf die Antinomie des menschlichen Wesens verwiesen, darin aber keine Nachfolge gefunden. Angesichts der heutigen Erziehungswissenschaft und ihres Glaubens an die Machbarkeit von Bildung und Erziehung verdient diese Perspektive, wieder scharf herausgestellt zu werden: „Als Antinomie bezeichnen wir seit Kant diejenigen im Leben des Menschen auftretenden Widersprüche, die sich nicht etwa aus den Besonderheiten der jeweiligen seelischen, gesellschaftlichen, geschichtlichen Lage ergeben, sondern in der Grundstruktur seines geistigen Wesens als unabänderliche Konstanten vorgezeichnet sind – die infolgedessen auch dann, wenn sie entdeckt und ausgesprochen sind, nicht beseitigt werden können." „Es bleibt ... das Privileg unseres Zeitalters, daß es allenthalben bis zu den Grenzen menschlicher Möglichkeiten vorgestoßen ist und so die Unvollendbarkeit alles dessen, was ‚Mensch' zu heißen verdient, ins grellste Licht rückt."[137])

Von dieser Erfahrung, die heute von einer ständig anwachsenden Zahl von Menschen in unmittelbarer Lebenserfahrung gemacht wird und in der zeitgenössischen Kunst und Philosophie bereits seit langem angekündigt wurde, will aber die Erziehungswissenschaft keine Notiz nehmen. Offensichtlich sieht sie sowohl ihre Wissenschaftlichkeit wie ihren Bildungsoptimismus bedroht, wenn sie sich auf solche Erfahrung einlassen würde. Da wir keine bestimmte Form von Wissenschaftlichkeit als Kriterium pädagogischer Wahrheit ansehen und den Erziehungserfolg nicht im Sinne der Machbarkeit verstehen, noch einem überkommenen Humanitätsideal verhaftet sind, können wir uns auf die hier zur Sprache gebrachte Antinomie einlassen. Theodor Litt hatte sich primär gegen das humanistische bzw. neuhumanistische Bildungsideal einer zu allseitiger Harmonie ausgebildeten Persönlichkeit gewandt. Er konnte nicht ahnen, wie aktuell seine Argumentation angesichts einer fast zwei Jahrzehnte später heraufziehenden Erziehungswissenschaft sein würde.

In dieser Untersuchung wurde wiederholt die individuelle Entfaltung des Menschen gegen jegliche Weisen offenbarer oder versteckter Manipulation vertreten. Es bedurfte dieser letzten Überlegungen, um auch den letzten Rest von Verdacht abzuwehren, als werde hier nur eine andere Art von Ideologie, nämlich eine solche traditionalistischer Prägung vertreten. Wo heute die Humanität propagiert und die Antinomie verschwiegen wird, haben wir es mit Harmonisierungstendenzen zu tun – sei es nun mit einer „Versöhnung" à la Hegel oder à la Marx – die Enttäuschungen unvermeidlich machen. Wenn hier Identitätsfindung als erzieherisches Prinzip vertreten wird, so bedeutet das zunächst einmal, den Erzogenen dazu zu befähigen, sich mit seiner vorgefundenen Antinomie zu identifizieren und sie als Lebensaufgabe anzunehmen.

Anmerkungen

[1]) Albert Stüttgen: Kriterien einer Ideologiekritik. Mainz 1972.
[2]) a.a.O. S. 13
[3]) Albert und Dorothee Stüttgen: Kindererziehung. Praktische Wege für Eltern. Zürich 1975
[4]) vgl. Kurt Nitsch: Was wissen Lehrer schon von Kindern? Die Zeit, Nr. 7, 1975, S. 58. Der Autor ist Vorsitzender der Deutschen Gesellschaft für Sozialpädiatrie. – Als Versuch einer philosophisch orientierten sog. Paidologie vgl. Walter Rest: Das Menschenkind. 3. Aufl., Bochum 1970
[5]) Von denjenigen, die von vornherein nur an wissenschaftlicher Theorie und zugehöriger Anwendungstechnik sowie an politischer Indoktrinierung interessiert sind, wird hier abgesehen.
[6]) vgl. Albert Stüttgen: Ideologie und Vorurteil. Stimmen der Zeit 1966, S. 25 ff. ders.: Menschenbild als Ideologie. Zur Kritik einer Vokabel im Schulstreit. Pädagogische Rundschau 1968, S. 101 ff.
[7]) Siegfried Oppolzer: Denkformen und Forschungsmethoden der Erziehungswissenschaft. Bd. 2. München 1969, S. 9.
[8]) vgl. Hans Bokelmann: Pädagogik: Erziehung, Erziehungswissenschaft. In: Handbuch pädagogischer Grundbegriffe, Bd 2, hrsg. v. Josef Speck und Gerhard Wehle. München 1974 S. 241
[9]) Wolfgang Brezinka: Von der Pädagogik zur Erziehungswissenschaft. Zeitschrift für Pädagogik 1968, S. 436
[10]) Bokelmann a.a.O. S. 212
[11]) Wolfgang Brezinka: Von der Pädagogik zur Erziehungswissenschaft. 2. Aufl. Weinheim/Basel 1972, S. 52
[12]) a.a.O. S. 74
[13]) Karl R. Popper: Logik der Forschung. 4. Aufl. Tübingen 1974 S. 26
[14]) vgl. H. Frank/B. Meder: Einführung in die kybernetische Pädagogik. 1971
[15]) Helmar Frank: Ein Ansatz zu einer kybernetisch-pädagogischen Lehrplanungstheorie. Neue Unterrichtspraxis 1974, S. 342
[16]) a.a.O. S. 343
[17]) vgl. Felix v. Cube: Erziehung zur Rationalität, In: Ideologiekritik in der Erziehungswissenschaft. Hrsg. v. Heinrich Kanz. Frankfurt 1972, S. 114 ff
[18]) Dieter Ulich: Probleme und Möglichkeiten erziehungswissenschaftlicher Theorienbildung. In: ders. (Hrsg.): Theorie und Methode der Erziehungswissenschaft. Weinheim/Basel, 2. Aufl. 1974
[19]) vgl. a.a.O. S. 65
[20]) Hans-Jochen Gamm: Einführung in das Studium der Erziehungswissenschaft. München 1974
[21]) Ludwig Kerstiens: Modelle emanzipatorischer Erziehung. Bad Heilbrunn 1974, S. 78
[22]) vgl. Dieter Ulich: Konflikt und Persönlichkeit. München 1971
[23]) Georg M. Rückriem: Die „pädagogische Autonomie“ und die „gesellschaftlichen Mächte“. In: F. Bohnsack/G.M. Rückriem: Pädagogische Autonomie und gesellschaftlicher Fortschritt. Weinheim 1969, S. 119

[24]) vgl. Klaus Mollenhauer: Theorien zum Erziehungsprozeß. München 1972, S. 187
[25]) vgl. Ralf Dahrendorf: Homo Sociologicus. Köln/Opladen, 10. Aufl. 1971
[26]) Curriculumentwicklung in der Diskussion, hrsg. v. Saul B. Robinsohn. Düsseldorf/Stuttgart 1972, S. 13
vgl. auch ders.: Bildungsreform als Revision des Curriculum. Neuwied 4. Aufl. 1972
[27]) B.F. Skinner: Die Funktion der Verstärkung in der Verhaltenswissenschaft. München 1974, S. 29
[28]) Hermann Rademacker: Programmierter Unterricht. In: Handbuch der pädagogischen Grundbegriffe, Bd. 2. Hrsg. v. Josef Speck und Gerhard Wehle, München 1970
[29]) Skinner a.a.O. S. 244
[30]) a.a.O. S. 89
[31]) Wilfried Kuckartz: Kritik der pädagogischen Technologie. Bad Heilbrunn 1974, S. 48
[32]) a.a.O. S. 49
[33]) Benjamin S. Bloom u.a.: Taxonomie von Lernzielen im kognitiven Bereich. Weinheim/Basel, 4. Aufl. 1974
[34]) Günther Klotz: Lernziel-Instrumentalisierungen und die Reproduktion von Lernleistungen. Zeitschr. f. erziehungswissenschaftliche Forschung 1969, S. 23
[35]) Christine Möller: Technik der Lernplanung. Weinheim/Basel, 4. Aufl. 1973, S. 45
[36]) Robert F. Mager: Lernziele und Programmierter Unterricht. Weinheim 1965, S. 47
[37]) Möller a.a.O. S. 105
[38]) a.a.O. S. 75
[39]) vgl. Horst Rumpf: Zweifel am Monopol des zweckrationalen Unterrichts. Neue Sammlung 1971, S. 26 ff.
[40]) vgl. Albert Stüttgen: Wider den Primat instrumentalen Denkens. Stimmen der Zeit 1970, S. 176 ff
[41]) vgl. Der Positivismusstreit in der deutschen Soziologie, hrsg. v. Heinz Maus u. Friedrich Fürstenberg. Neuwied/Berlin 1969
[42]) Herwig Blankertz: Theorien und Modelle der Didaktik, München, 7. Aufl. 1973, S. 161
[43]) ebd.
[44]) Hermann-Josef Kaiser/Peter Menck: Das didaktische Strukturgitter in der Curriculumforschung, dargestellt am Beispiel des Pädagogik-Unterrichts. In: Herwig Blankertz: Curriculumforschung – Strategien, Strukturierung, Konstruktion. 2. Aufl. Essen 1971, S. 107
[45]) Stüttgen: Wider den Primat instrumentalen Denkens, S. 177
[46]) Blankertz: Curriculumforschung a.a.O. S. 8
[47]) Blankertz: Theorien und Modelle der Didaktik, a.a.O. S. 91
[48]) a.a.O. S. 12
[49]) vgl. Jürgen Habermas: Erkenntnis und Interesse. In: Technik und Wissenschaft als Ideologie. – ed. Suhrkamp Nr. 287 2. Aufl., Frankfurt/Main 1969, S. 157
[50]) Blankertz: Theorien und Modelle der Didaktik, a.a.O. S. 55
[51]) Auguste Comte: Discours sur l'Esprit Positif, hrsg. v. Iring Fetscher. Phil. Bibl. Bd 244, Hamburg 1956, S. 34
[52]) Popper: Logik der Forschung, a.a.O. S. 71
[53]) a.a.O. S. 69
[54]) a.a.O. S. 71
[55]) a.a.O. S. 75 f
[56]) vgl. Werner Heisenberg: Physik und Philosophie. Frankfurt/Berlin 1959, S. 140
[57]) Carl Friedrich von Weizsäcker: Sprache als Information. In: Voraussetzungen des naturwissenschaftlichen Denkens. Herderbücherei Nr. 415, Freiburg 1972, S. 106 ff
[58]) a.a.O. S. 123
[59]) Hegel: Die Vernunft in der Geschichte. Hrsg. v. Johannes Hoffmeister. Phil. Bibl. Bd 171 a, 5. Aufl. Hamburg 1955

[60]) ebd. S. 29
[61]) ebd.
[62]) a.a.O. S. 30
[63]) Karl Marx: Zur Kritik der Politischen Ökonomie. Ausgewählte Schriften Bd 1, Dietz Verlag Berlin-Ost 1964, S. 335
[64]) a.a.O. S. 338
[65]) a.a.O. S. 336
[66]) Martin Buber: Das dialogische Prinzip. Heidelberg 1962, S. 284
[67]) In diesem Sinne kann auch der Verfasser das Erziehungsbuch, das er mitverfaßt hat, nur als Anregung für andere verstehen, sich auf eigene Erfahrungen mit Kindern verweisen zu lassen.
[68]) Friedrich Schleiermacher: Pädagogische Schriften. Bd. 1. Hrsg. v. Erich Weniger. 2. Aufl. Düsseldorf/München 1966, S. 7
[69]) a.a.O. S. 11
[70]) ebd.
[71]) a.a.O. S. 131
[72]) ebd.
[73]) Friedrich Schleiermacher: Ethik. Werke. Hrsg. v. Otto Braun und Johannes Bauer. Neudruck der 2. Aufl. Leipzig 1927/28, Bd. 2, S. 13
[74]) vgl. Wolfgang Klaffki: Studien zur Bildungstheorie und Didaktik. Weinheim 1972
[75]) Schleiermacher: Pädagogische Schriften, a.a.O. S. 34
[76]) vgl. Hagen Pleger: Praxis und Theorie in Schleiermachers Sozialphilosophie. Diss. an der Westf. Wilhelms-Universität Münster 1974, S. 74
[77]) Schleiermacher: Pädagogische Schriften; a.a.O. S. 35
[78]) vgl. Kuckartz: Kritik der pädagogischen Technologie.
[79]) vgl. ders.: Sozialisation und Erziehung. Essen 1969
[80]) Rousseau: Emile oder über die Erziehung. Hrsg. v. Martin Rang. Stuttgart 1965, S. 107
[81]) vgl. Schleiermacher: Pädagogische Schriften; a.a.O. S. 53 ff
[82]) vgl. Hartmut von Hentig: Cuernavaca oder: Alternativen zur Schule? Stuttgart/München 1971
[83]) vgl. Stüttgen: Kindererziehung; a.a.O. S. 123 f
[84]) Hartmut v. Hentig: Systemzwang und Selbstbestimmung. Stuttgart 1968, S. 72
[85]) v. Hentig: Cuernavaca; a.a.O. S. 114 f
[86]) a.a.O. S. 115
[87]) Rousseau: Emile; a.a.O. S. 156 f
[89]) Ivan Illich: Entschulung der Gesellschaft. rororo Nr. 6828 Hamburg 1973, S. 27
[90]) Paulo Freire: Pädagogik der Unterdrückten. Stuttgart/Berlin 1971, S. 140
[91]) a.a.O. S. 15 f
[92]) Hans-Georg Gadamer: Wahrheit und Methode. 2. Aufl. Tübingen 1965, S. 357
[93]) Edmund Husserl: Die Krisis der europäischen Wissenschaften. Ges. Werke Bd. 6, hrsg. v. Walter Biemel. Den Haag 1954, S. 66
[94]) Ludwig Landgrebe: Die Bedeutung der Phänomenlogie Husserls für die Selbstbesinnung der Gegenwart. In: Husserl und das Denken der Neuzeit. La Haye/Den Haag 1959, S. 219 (Einschub in Klammern vom Verf.)
[95]) Husserl a.a.O. S. 59
[96]) a.a.O. S. 20
[97]) a.a.O. S. 43
[98]) ebd.
[99]) a.a.O. S. 40
[100]) nämlich die restlose rationale Aufschlüsselung der Wirklichkeit in einer entsprechenden Systematik zum Zwecke restloser Verfügbarkeit.
[101]) ebd.
[102]) a.a.O. S. 50

[103]) a.a.O. S. 52
[104]) vgl. Karl-Otto Apel: Transformation der Philosophie, Bd. 1. Frankfurt 1973
[105]) Landgrebe a.a.O. S. 221
[106]) vgl. Apel a.a.O. S. 44
[107]) vgl. Apel a.a.O. S. 24
[108]) Martin Heidegger: Sein und Zeit. 9. Aufl. 1960, S. 69
[109]) ebd.
[110]) a.a.O. S. 121
[111]) a.a.O. S. 123
[112]) a.a.O. S. 122
[113]) ebd.
[114]) Martin Heidegger: Vorträge und Aufsätze, Teil 1. 3. Aufl. Pfullingen 1967, S. 47–49
[115]) Nicht zuletzt um dieser Entwicklung entgegenzuwirken wurde unser Buch geschrieben: Kindererziehung. Praktische Wege für Eltern
[116]) Bokelmann, a.a.O. S. 198
[117]) vgl. Blankertz: Curriculumforschung, a.a.O. S. 10 f
[118]) Theodor Litt: Das Bildungsideal der deutschen Klassik und die moderne Arbeitswelt. 7. Aufl. Bochum o.J., S. 80
[119]) vgl. Robinsohn: Bildungsreform als Revision des Curriculum, a.a.O. S. 44
[120]) vgl. Litt, a.a.O. S. 79
[121]) a.a.O. S. 78
[122]) Hermann Krings: Neues Lernen. München 1972, S. 71
[123]) ebd.
[124]) vgl. Dieter Lenzen: Taxonomische Ansätze in der Curriculumkonstruktion. In: Curriculumentwicklung in der Diskussion, hrsg. v. Saul B. Robinsohn. Düsseldorf/Stuttgart 1972, S. 61
[125]) Erziehung wird von uns immer im Sinne „intentionaler" Erziehung verstanden: d.h. nur auf Handlungen angewendet, die in erzieherischer Intention erfolgen.
[126]) vgl. Heidegger: Sein und Zeit, a.a.O. S. 56
[127]) am deutlichsten zu beobachten bei der intensiven Beschäftigung des Kindes mit dem ersten Babyspielzeug
[128]) a.a.O. S. 86
[129]) vgl. Hartmut v. Hentig: Spielraum und Ernstfall. Stuttgart 1969, S. 229
[130]) vgl. Kaiser/Menck in Blankertz: Curriculumforschung, a.a.O. S. 107
[131]) v. Hentig: Spielraum und Ernstfall, ebd.
[132]) vgl. Freire: Pädagogik der Unterdrückten, a.a.O. S. 84 ff
[133]) a.a.O. S. 89
[134]) a.a.O. S. 15 f
[135]) Kerstiens: Modelle emanzipatorischer Erziehung, a.a.O. S. 178 f
[136]) Otto Friedrich Bollnow: Die anthropologische Betrachtungsweise in der Pädagogik. Essen 1965, S. 52
[137]) Litt, a.a.O. S. 114 f